KB204223

즁

론 大海譯

Gran sabiduria

중론

차 례

中　論

중 론

용수보살 지음
구마라집 한역
대해 한글 번역

제1품

관인연품
觀因緣品

제1품 **관인연품** 觀因緣品

1. 생生도 없고 또한 멸滅도 없고
   항상함도 없고 또한 끊어짐도 없고
   하나도 아니고 또한 다름도 아니며
   옴도 아니고 또한 감도 아니니라.

2. 능히 이 인연을 설하셔서
   모든 희론을 잘 멸滅하셨도다.
   내가 머리 숙여 부처님께 예배하오니
   모든 말씀 중에서 제일이시라.

3. 모든 법은 스스로 생함도 아니고
   또한 타他로부터 생함도 아니고
   함께도 아니고 인因이 없는 것도 아님이라.
   이러한 까닭으로 무생無生임을 알지니라.

4. 모든 법의 자성이
   연緣 중에 있지 않은 것처럼
   자성自性이 없는 까닭으로
   타성他性 또한 다시 없음이라.

5. 인연因緣과 차제연次第緣과
   연연緣緣과 증상연增上緣,
   이 4가지 연緣이 모든 법을 생하니
   다시 제5연緣은 없느니라.

6. 과果는 연緣으로부터 생기는 것인가?
   비연非緣으로부터 생기는 것인가?
   이 연緣은 과果가 있는 것인가?
   이 연緣은 과果가 없는 것인가?

7. 이 법法으로 인하여 과果가 생기는 것을
   이 법法이 이름이 연緣이 되고
   만약 과果가 생기지 않았다면
   어찌 비연이라고 이름하지 않겠는가?

8. 과果는 먼저 연緣 중에서
   있다, 없다 하는 것이 모두 불가不可하다.
   먼저 없다면 무슨 연緣이 되며
   먼저 있다면 연緣을 어디에 쓰겠는가?

9. 만일 과果가
   생生이 있는 것도 아니고
   또한 다시 생生이 없는 것도 아니고
   또한 유무생有無生도 아니면
   어찌 연緣이 있다고 말하리오.

10. 과가 만약 생하지 않았을 때라면
　　 곧 어떤 멸滅에도 응應할 것은 없다.
　　 멸법滅法이 어찌 능히 연緣이 되겠는가?
　　 그러므로 차제연次第緣은 없느니라.

11. 모든 부처님께서 말씀하신
　　 진실 미묘법처럼
　　 이 무연無緣의 법에
　　 어찌 연연緣緣이 있다고 이르리요.

12. 모든 법은 자성自性이 없으므로
　　 고로 유상有相도 있지 않다.
　　 이 일事이 있는 것을 말한 까닭으로
　　 이 일은 맞지 않느니라.

13. 간략히 하거나 넓히거나 인연因緣 중에서
    과果를 구한다는 것은
    얻을 수는 없느니라.
    인연因緣 중에서 만약에 없다면
    어떻게 연緣으로부터 나오리오.

14. 만약에 연緣의 과果가 없어도
    연緣으로부터 나온다고 한다면
    이 과果는
    어찌 비연非緣으로부터는
    나오지 못하는가?

15. 만약에 과果가 연緣으로부터 생한다면
    이 연緣은 자성自性이 없나니
    자성이 없는 것으로부터 생하는데
    어찌 연緣으로부터 생할 수 있으리오.

16. 과果는 연緣으로부터 생하는 것도 아니고
    비연非緣으로부터 생하는 것도 아니다.
    과果가 있지 않은 까닭으로
    연緣, 비연非緣 또한 없느니라.

제2품

관거래품
觀去來品

제2품 **관거래품** 觀去來品

17. 이미 간 것은 가는 것이 있지 않고
    아직 가지 않은 것 또한 가는 것이 없느니라.
    이미 간 것과 아직 가지 않는 것을 떠나서
    가고 있는 때에도 또한 가는 것은 없느니라.

18. 움직이는 곳인 즉 가는 것이 있다.
    그 중에 갈 때가 있다.
    이미 갔거나 가지 않은 때를 제외하고
    이런 까닭으로 가고 있는 때에 가느니라.

19. 어떻게 가고 있는 때에
    마땅히 가는 법이 있는가?
    만약에 가는 법을 떠나서
    가고 있는 때는 얻을 수 없느니라.

20. 만약에 가고 있는 때에 간다고 말하는 것은
    이 사람은 곧 허물이 있느니라.
    가는 것을 떠나서 가고 있는 때가 있고
    가고 있는 때가 홀로 가는 까닭이니라.

21. 만약에 가고 있는 때에 감이 있다면
    즉 2종류의 감이 있는 것이라.
    1은 가고 있는 때를 일컫고
    2는 가고 있는 때가 가는 것을 일컫느니라.

22. 만약에 두 개의 가는 법이 있은 즉
    두 개의 가는 자가 있느니라.
    가는 자를 떠나서
    가는 법은 얻을 수 없느니라.

23. 만약에 가는 자를 떠나서
    가는 법을 얻을 수 없다면
    가는 법이 없는데
    어찌 가는 자가 있음을 얻으리오.

24. 가는 자도 곧 가지 않고
    가지 않는 자도 가지 않고,
    가는 자와 가지 않는 자를 떠나서
    제3의 가는 자는 없느니라.

25. 만약에 가는 자가 간다고 말한다면
    어찌 이것이 옳다고 하리오.
    만약에 가는 법을 떠나면
    가는 자는 얻을 수 없느니라.

26. 만약에 가는 자에게 감이 있다면
    곧 2종류의 가는 것이 있는 것이니라.
    1은 가는 자가 가는 것이라고 일컫고
    2는 가는 법이 가는 것이라고
    일컫는 것이니라.

27. 만약에 가는 자가
    가는 것이라고 일컫는다면
    이 사람은 허물이 있느니라.
    가는 것을 떠나서 가는 자가 있고
    가는 자에게 감이 있다고 말하는 것이니라.

28. 이미 가버린 것 속에는 출발이 없고
    아직 가지 않은 것 속에도 출발은 없고
    지금 가고 있는 때에도 출발이 없느니라.
    어느 곳에 마땅히 출발이 있겠는가?

29. 아직 출발하지 않았다면 가는 때도 없고
또한 이미 간 것도 있지 않느니라.
이 둘에 응당히 출발이 있어야 하건만
아직 가지 않는 것에 어찌 출발이 있으리오.

30. 간 것도 없고,
아직 가지 않은 것도 없고
또한 다시 가고 있는 때도 없느니라.
일체 출발이 있지 않은데
무슨 까닭으로 분별하리오.

31. 가는 자는 곧 머무름이 없고
가지 않는 자도 머무름이 없느니라.
가는 자와 가지 않는 자를 떠나서
어찌 제3의 머무름이 있으리오.

32. 가는 자가 만약에 마땅히 머무르면
　　어찌 이것이 옳다고 하리오.
　　만약에 마땅히 가는 것을 떠나서
　　가는 자는 얻을 수 없느니라.

33. 가는 것이나 가지 않는 것에 머무름은 없고
　　가고 있는 때 또한 머무름이 없느니라.
　　있는 바 행지법行止法은
　　모두 가는 것의 뜻과 같음이라.

34. 가는 법이 곧 가는 자라는
　　이 일은 맞지 않느니라.
　　가는 법과 가는 자가 다르다는
　　이 일도 또한 맞지 않느니라.

35. 만약에 가는 법이
    곧 가는 자라고 일컫는다면
    짓는 자와 짓는 업
    이 일이 곧 하나가 되느니라.

36. 만약에 가는 법에서
    가는 자가 다르다고 일컫는다면
    가는 자를 떠나서 가는 것이 있고
    가는 것을 떠나서 가는 자가 있느니라.

37. 가는 것과 가는 자 이 둘에서
    만약 하나가 다른 법으로 이루어졌다면
    두 문은 함께 이룰 수 없나니
    어찌 마땅히 이룰 수 있으리오.

38. 가는 것으로 인하여 가는 자를 안다면
    능히 이 가는 것을 쓰지 못하나니
    먼저 가는 법이 있지 않은 까닭으로
    가는 자가 가는 것은 없느니라.

39. 가는 것으로 인하여 가는 자를 안다면
    능히 다른 가는 것을 쓰지 못하나니
    한번 가는 자 중에 다른 가는 것은
    얻을 수 없는 까닭이니라.

40. 결정되어 가는 자가 있으면
    능히 세 가지 가는 것을 쓰지 못하나니
    결정되지 않고 가는 자도
    또한 세 가지 가는 것을 쓰지 못하느니라.

41. 가는 법은 결정적으로 정해진 것이 없고
     가는 자는 세 가지를 쓰지 못하나니
     이러한 까닭으로
     가는 것과, 가는 자, 가는 처소, 모두 없느니라.

제3품

관육정품
觀六情品

제3품 **관육정품** 觀六情品

42. 눈, 귀, 코, 혀, 몸, 뜻 등이
    육정六情이라.
    이 눈 등의 육정六情은
    색色 등의 육진六塵에서 행하느니라.

43. 이 눈은
    곧 자기가 그 자기의 체를 볼 수 없나니
    만약 능히 스스로 볼 수 있다면
    어찌 나머지 사물을 볼 수 있으리오.

44. 불의 비유는
    곧 눈이 보는 법을
    성립시키지 못하나니

(앞의)가는 것, 아직 가지 않음,
가고 있는 때에서
이미 모두 이 일을 답하였느니라.

45. 견見이 만약 보지 않을 때라면
곧 견見이라고 이름 할 수 없고
능히 보는 것을 견見이라고 말한다면
이 일은 당연하지 않느니라.

46. 견見이 능히 볼 수 없고
비견非見 또한 볼 수 없나니
만약 이미 견見을 파한 즉
곧 보는 자도 파하게 되느니라.

47. 보는 것을 떠나거나 보는 것을 떠나지 않거나
     보는 자는 얻을 수 없나니
     보는 자가 없는데
     어찌 보는 것과, 볼 수 있는 것이 있으리오.

48. 보는 것과 볼 수 있는 것이 없는 까닭으로
     식識 등의 4법이 없는데
     4취取 등 모든 연緣이
     어찌 마땅히 있으리오.

49. 귀, 코, 혀, 몸, 뜻, 소리 및 듣는 자 등
     마땅히 알라.
     이와 같은 뜻은
     모두 위에서 말함과 한가지라.

제4품

관오음품
觀五陰品

제4품 관오음품 觀五陰品

50. 만약에 색色의 인因을 떠나면
    색色은 가히 얻을 수 없느니라.
    만약 마땅히 색色을 떠난다면
    색色의 인因도 가히 얻을 수 없느니라.

51. 색의 인因을 떠나 색色이 있다면
    이 색色은 인因이 없나니
    인因이 없는데 법法이 있다면
    이 일은 맞지 않느니라.

52. 만약 색色을 떠나 인因이 있다면
    곧 이것은 과果가 없는 인因이니라.
    만약에 과果가 없는 인因을 말한다면
    곧 이런 곳은 있지 않느니라.

53. 만약 이미 색色이 있는 자라면
     곧 색色의 인因은 쓰지 않고
     만약 색色이 없는 자라도
     또한 색色의 인因은 쓰지 않느니라.

54. 인因이 없이 색色이 있다면
     이것은 마침내 맞지 않나니
     이러한 까닭으로 지혜 있는 자는
     응당히 색色을 분별하지 않느니라.

55. 만약 과果가 인因과 같다면
     이 일은 맞지 않고
     과果가 만약 인因과 같지 않다면
     이것 또한 맞지 않느니라.

56. 수음受陰, 및 상음想陰,
    행음行陰, 식음識陰 등
    그 나머지 일체 법 모두
    색음色陰과 한가지니라.

57. 만약 어떤 묻는 사람이
    공空을 떠나서 답을 요구한다면
    이것은 곧 답을 이룰 수 없으니
    함께 저 의심과 같아지느니라.

58. 만약 어떤 사람이 어려운 문제가 있는데
    공空을 떠나서 그 허물을 말한다면
    이러한 어려운 문제를 이룰 수 없으며
    함께 저 의심과 같아지느니라.

제5품

관육종품
觀六種品

제5품 **관육종품** 觀六種品

59. 공상空相이 아직 있지 않을 때라면
    곧 허공 법은 없고
    만약에 먼저 허공이 있다면
    곧 이 무상無相이 있게 되느니라.

60. 이 무상無相의 법은
    일체 처에 있지 않고
    무상無相의 법 중에
    상相인 즉 상相인 바가 없느니라.

61. 유상有相, 무상無相 중에서
    상相은 곧 머무르는 바가 없고
    유상有相, 무상無相을 떠난
    나머지 처處 또한 머무름이 없느니라.

62. 상법相法이 없는 까닭으로
    가상법可相法 또한 없나니
    가상법可相法이 없는 까닭으로
    상법相法 또한 다시 없느니라.

63. 이러한 까닭으로 이제 상相이 없고
    또한 가상可相도 없으며
    상相과 가상可相을 이미 떠나고 나서
    다시 또한 사물은 있지 않느니라.

64. 만약에 유有가 있지 않은데
    어찌 가히 마땅히 무無가 있겠는가.
    유무有無는 이미 없는데
    유무有無라는 것을 아는 자는 누구인가?

65. 이러한 까닭으로
허공은 유有도 아니고, 또한
무無도 아니며 상相도 아니고 또한
가상可相도 아니니 나머지 다섯 가지도
허공과 같다는 것을 알지니라.

66. 얕은 지혜인은
모든 법이 유상有相이나 무상無相함을 보나니
이런 경우에는
견見이 멸한 안은법安隱法을 볼 수 없느니라.

제6품

관염염자품
觀染染者品

제6품 **관염염자품** 觀染染者品

67. 만약에 염법染法을 떠나서
    먼저 스스로 염자染者가 있으면
    이로 인하여 염하고자 하는 자는
    응당히 염법染法에서 생하느니라.

68. 만약에 염자染者가 없다면
    어찌 마땅히 염染이 있다고 말하며
    염染이 있던지, 염染이 없던지
    염자染者 또한 이와 같으니라.

69. 염자染者 및 염법染法이
    함께 이루어진다는 것은 맞지 않나니
    염자染者 염법染法이 함께 하면
    곧 서로 기다리지 못하느니라.

70. 염자染者와 염법染法이 하나라면
    한 법이 어찌 합하리오.
    염자染者와 염법染法이 다르다면
    다른 법이 어찌 합하리오.

71. 만약에 하나인데 합함이 있다면
    짝을 떠나서 응당히 합함이 있어야 하고,
    만약에 다른데 합한 자가 있다면
    짝을 떠나서도
    또한 응당히 합할 수 있느니라.

72. 만약에 다르면서 합함이 있다면
    염染과 염자染者는 무슨 일인가?

이 두 상은 먼저 다르고
연후에 합상合相을 말한다.

73. 만약에 염染과 염자染者가
    먼저 각자 다른 상相을 이루고
    이미 다른 상을 이루고 나서
    어찌 합한다고 말하리오.

74. 다른 상相이 이루어짐은 있지 않다.
    이러한 까닭으로
    당신은 합상合相이라고 답하고자 하지만
    필경 이룰 수 없으니
    다시 다른 상相을 말함이라.

75. 다른 상이 이루어지지 않는 까닭으로
    합상合相도 곧 이룰 수 없는데
    어찌 다른 상 중에
    합상合相을 말하려 하는가?

76. 이와 같이 염染과 염자染者는
    합合과 불합不合을 이루는 것이 아니니
    모든 법이 또한 이와 같아서
    합合과 불합不合을 이루는 것이 아니니라.

제7품

관삼상품
觀三相品

제7품 **관삼상품** 觀三相品

77. 만약에 생生이 유위有爲라면
곧 응당히 삼상三相이 있고
만약에 생生이 무위無爲라면
어찌 유위상有爲相이라고 이름하리오.

78. 삼상三相이 만약에 모였든 흩어졌든
능히 상相인 바는 있을 수 없나니
어찌 한 장소, 한 때에
삼상三相이 있다고 하리오.

79. 만약에 생生·주住·멸滅이
다시 유위상이 있다고 하면
이러한 즉 다함이 없게 되고
없다면 곧 유위有爲가 아니니라.

80. 생생生生을 생하는 바는
    저 본생本生에서 생하고
    본생本生의 생하는 바는
    다시 생생生生에서 생生하느니라.

81. 만약에 이 생생生生이
    능히 본생本生에서 생生한다고 말한다면
    생생이 본생本生에서 쫓아 나왔는데
    어찌 능히 본생本生을 생生하리오.

82. 만약에 이 본생本生이
    능히 생생生生에서 생生한다고 말한다면
    본생本生은 저 생生으로부터
    어찌 능히 생생生生을 생生하리오.

83. 만약에 생생生生이 생할 때
　　능히 본생本生에서 생하고
　　생생生生은 오히려 아직 있지 않다면
　　어찌 능히 본생本生을 생生하리오.

84. 만약에 본생本生이 생할 때에
　　능히 생생生生에서 생하고
　　본생本生은 오히려 아직 있지 않다면
　　어찌 능히 생생生生을 생生하리오.

85. 마치 등불이 능히 스스로를 비추고
　　또한 능히 다른 것을 비추는 것과 같이
　　법을 생함 또한 이와 같아
　　스스로 생하고 또한 다른 것을 생하느니라.

86. 등燈 속에는 스스로 어두움이 없고
   머무르는 곳 또한 어두움은 없느니라.
   어두움을 파하면 이에 비춤이라 이름하니
   어두움이 없다면 곧 비춤도 없느니라.

87. 어찌 등을 생할 때
   능히 어두움을 파하리오.
   이 등이 처음 생할 때는
   능히 어둠에 미치지 못하느니라.

88. 등燈이 만약에 어둠에 미치지 않고
   능히 어두움을 파하는 자라면
   등은 이 사이에 있어
   곧 일체 어두움을 파하리라.

89. 만약에 등이 능히 스스로 비추고
    또한 능히 다른 것을 비춘다면
    어둠 또한 응당히 스스로를 어둡게 하고
    또한 능히 다른 것을 어둡게 하리라.

90. 이 생生이 만약 아직 생하지 않았다면
    어찌 능히 스스로를 생한다고 이르리오.
    만약에 이미 스스로를 생하였다면
    생하고 나서 어찌 생을 쓰리오.

91. 생생은
    이미 생生하고 나서 생生하는 것도 아니고
    또한 아직 생하지 않고 생하는 것도 아니며
    생生할 때 또한 생生하는 것도 아니니라.
    거래去來 중에서 이미 답했노라.

92. 만약에 생生할 때 생生한다고 이르면
　　이 일은 이미 성립되지 않는다.
　　어찌 여러 연緣의 합合인
　　이때에 생生을 얻으리오.

93. 만약에 법이 모든 인연에서 생生하면
　　이러한 즉 적멸성寂滅性이라.
　　이러한 까닭으로 생生과 생生할 때
　　이 둘은 함께 적멸寂滅이니라.

94. 만약에 아직 생生하지 않은 법이 있어
　　생生함이 있다고 말한 자는
　　이 법은 먼저 이미 있었는데
　　다시 생生함이 무슨 필요가 있으리오.

95. 만약에 생生할 때 생生한다고 말한다면
    이것은 능히 생生한 바가 있는데
    어찌 다시 생生이 있음을 얻고
    능히 그 생生을 생하리오.

96. 만약에 다시 생生이 있다고 이르면
    생생生生인 즉 다함이 없다고 이르니라.
    생생生生을 떠나서 생生이 있다면
    법은 모두 능히 스스로 생生하리라.

97. 유법有法이 응당히 생生함이 없고
    무법無法 또한 응당히 생生함이 없으며
    유무법有無法 또한 생生함이 없나니라.
    이러한 뜻은 먼저 이미 말했느니라.

98. 만약에 모든 법이 멸할 때
그 때에는 응당히 생生함이 없나니
법이 만약에 멸하지 않는 것이라면
마침내 이러한 일은 있지 않느니라.

99. 머무르지 않는 법은 머무르지 않는다.
머무르는 법 또한 머무르지 않는다.
머무르는 때 또한 머무르지 않는다.
무생無生이 어찌 머무르리오.

100. 만약에 모든 법이 멸한다면
이러한 즉 응당히 머무르지 않고
법이 만약 멸하지 않는 것이라면
마침내 이러한 일은 없느니라.

101. 있는바 일체 법은 모두 노사老死의
     상相이라 마침내 어떤 법도
     노사老死를 떠난 머무름이 있음은
     볼 수가 없느니라.

102. 머무름은 스스로의 상으로
     머무르는 것이 아니고
     또한 다른 상으로
     머무르는 것도 아니다.
     마치 생이 스스로 생하는 것도 아니고
     또한 다른 상으로 생하는 것도
     아닌 것처럼.

103. 법이 이미 멸했다면 멸함이 없고
     아직 멸하지 않았다면
     또한 멸함이 없나니라.

멸滅하는 때 또한 멸하지 않는데
무생이 어찌 멸滅이 있으리오.

104. 법이 만약에 머무르는 것이라면
      이러한 즉 응당히 멸滅은 없으며,
      법이 만약 머무르지 않는 것이라면
      이 또한 응당히 멸滅이 없느니라.

105. 이때에 이 법은
      이때에 멸함이 없으며,
      다른 때의 이 법은
      다른 때에 멸함이 없느니라.

106. 마치 일체 모든 법의 생하는 상을
　　　가히 얻을 수 없는 것처럼
　　　생하는 상이 없기에
　　　곧 또한 멸상도 없느니라.

107. 만약에 법이 있는 자가 있다면
　　　이러한 즉 멸滅은 없나니
　　　한 법에 유와 무의 상이 있는 것은
　　　합당하지 않느니라.

108. 만약에 법이 없는 것이라면
　　　이러한 즉 멸滅도 없느니라.
　　　비유하면 제2의 머리가 없는 까닭으로
　　　끊을 수 없는 것과 같으니라.

109. 법은 스스로의 상을 멸하는 것도 아니고
다른 상 또한 멸하는 것이 아니니라.
마치 스스로의 상이 생하지 않는 것처럼
다른 상 또한 생하지 않느니라.

110. 생주멸生住滅이 이루어지지 않는 까닭으로
유위有爲는 없느니라.
유위법有爲法이 없는데
어찌 무위無爲가 있을 수 있으리오.

111. 환幻같고, 또한 꿈같고,
건달바성과 같으니라.
말했던 생주멸生住滅의
그 상相 또한 이와 같으니라.

제 8 품

관작작자품
觀作作者品

제8품 **관작작자품** 觀作作者品

112. 결정하여 지음이 있는 자는
결정된 업을 짓지 못하고,
결정하여 지음이 없는 자도
결정됨이 없는 업을 짓지 못하느니라.

113. 결정적인 업은 짓지 못하고
이 업은 지은 자가 없나니
결정적으로 지은 자는 지음이 없고
지은 자 또한 업이 없느니라.

114. 만일 정定하여 지음이 있는 자는
또한 정하여 지은 업이 있고
지은 자 및 지은 업은
곧 무인無因으로 떨어지게 되느니라.

115. 만약에 무인無因에 떨어진다면
     인因도 없고 과果도 없고
     지음도 없고 지은 자도 없으며
     법을 지어 쓰는 바도 없느니라.

116. 만약에 짓는 등의 법이 없다면
     즉 죄罪와 복福도 있지 않느니라.
     죄와 복 등이 없는 까닭으로
     죄와 복의 과보 또한 없느니라.

117. 만약에 죄와 복의 과보가 없다면
     또한 열반도 있지 않나니
     모든 가히 지은 바가 있음이
     모두 공하여 과果가 있지 않느니라.

118. 지은 자가 결정되었던지 결정되지 않았던지
     능히 두 가지 업을 지을 수는 없나니
     유무有無의 상을 어기는 까닭으로
     한 곳에 곧 둘은 없느니라.

119. 유有가 무無를 능히 지을 수 없고
     무無가 유有를 능히 지을 수 없나니
     만약에 지음과 지은 자가 있다면
     그 허물은 먼저 말한 바와 같으니라.

120. 지은 자가 정定하여 짓지 않고,
     또한 정定하지 않고 및
     정定하고 정定함이 없는 업을 짓지 않나니
     그 허물은 앞에서 말한 바와 같나니라.

121. 지은 자가 정定하고 정定하지 않고
　　　또한 정定하고 또한 정定하지 않고
　　　능히 업을 지을 수 없나니
　　　그 허물은 앞에서 말한 바와 같으니라.

122. 업으로 인하여 지은 자가 있고
　　　지은 자로 인하여 업이 있나니
　　　업을 이루는 뜻이 이와 같아서
　　　다시 나머지 일은 있지 않다.

123. 지음과 지은 자를 파한 것처럼
　　　받음과 받은 자 또한 그러하며
　　　및 일체 모든 법 또한
　　　응당히 이와 같이 파해지니라.

제9품

관본주품
觀本住品

제9품 **관본주품** 觀本住品

124. 눈, 귀 등 모든 근根과
괴로움, 즐거움 등 모든 법
누군가에게 이와 같은 일을 있게 하는데
이는 곧 이름을 본주本住라 하느니라.

125. 만약에 본주本住가 있지 않다면
누구에게 눈 등의 법이 있으리오.
이러한 까닭으로 마땅히 알지니
먼저 이미 본주가 있느니라.

126. 만약에 눈 등의 근根과 및
괴로움, 즐거움 등의 법을 떠나서
먼저 본주本住가 있다면
어찌 가히 알 수 있으리오.

127. 만약에 눈 귀 등을 떠나서
    본주가 있다면
    또한 응당히 본주本住를 떠나서
    눈 귀 등이 있느니라.

128. 법으로서 사람이 있음을 알고
    사람으로서 법이 있음을 아나니
    법을 떠나서 어찌 사람이 있고
    사람을 떠나서 어찌 법이 있으리오.

129. 일체 눈 등의 근根은
    실로 본주가 있지 않나니
    눈 귀 등 모든 근根은
    다른 상이고 분별이니라.

130. 만약에 눈 등의 근根에
　　　본주가 있지 않다면
　　　눈 등 낱낱의 근根은
　　　어찌 능히 티끌을 알 수 있으리오.

131. 보는 자가 곧 듣는 자이고
　　　듣는 자가 곧 받는 자이고
　　　이와 같은 등 모든 근根에
　　　곧 응당히 본주本住가 있느니라.

132. 만약에 보고 듣는 것이 각각 다르고
　　　받는 자 또한 각각 다르고
　　　보는 때에 또한 응당히 듣게 되는데
　　　이와 같다면 신神이 많으니라.

133. 눈, 귀 등 모든 근根
  괴로움, 즐거움 등 모든 법
  쫓아서 생한바 모든 대大,
  저 대大에도 또한 신神은 없느니라.

134. 만약에 눈 귀 등 모든 근根과
  괴로움, 즐거움 등 모든 법에
  본주가 있지 않다면
  눈 등 또한 응당히 없느니라.

135. 눈 등에 본주本住가 없으며
  지금과 나중에도 또한 다시 없나니
  삼세도 없는 까닭으로
  무유無有의 분별은 없느니라.

제 10품

관연가연품
觀燃可燃品

제10품 **관연가연품** 觀燃可燃品

136. 만약에 연燃이 가연可燃이라면
지음과 지은 자 곧 하나이니
만약에 연燃이 가연可燃과 다르다면
가연可燃을 떠나서 연燃이 있느니라.

137. 이와 같다면 항상 응당히 연燃하리니
가연可燃으로 인하여 생기지 않았다면
곧 타는 불의 공功은 없다.
또한 지음이 없는 불이라고
이름하게 되느니라.

138. 연燃은 가연可燃을 대待하지 않고
곧 연緣으로부터 생하지 않느니라.

불이 만약에 항상 타는 것이라면
사람의 공功인 즉 응당히 공空하리라.

139. 만약에 네가 탈 때를
이름하여 가연可燃이 된다고 이른다면
이때는 단 장작만 있는데
어떤 물건이 가연可燃을 태우리오.

140. 만약에 다르다면 곧 이르지 못하나니
이르지 못한다면 곧 태우지도 못하고
태우지 못한다면 멸하지도 못하고
멸하지 못한다면 항상 머무르게 되느니라.

141. 연燃과 가연可燃이 다르면서
    능히 가연可燃에 닿는 것은
    마치 이 사람이 저 사람에게 닿고
    저 사람이 이 사람에게 닿는 것과 같으니라.

142. 만일 연燃과 가연可燃을
    이 둘이 함께 서로 떠나 있는 것이라면
    이와 같은 연燃인 즉 능히
    저 가연可燃에 도달할 수 있으리라.

143. 만약에 가연可燃으로 인하여 타고
    타는 것으로 인하여 가연可燃이 있으면
    먼저 정定하여 어떤 법이 있어
    연燃과 가연可燃이 있으리오.

144. 만약에 가연可燃으로 인하여 탄다면
　　　곧 타는 것이 이루어지고 다시 이루어진다.
　　　이를 이르기를 가연可燃 중에
　　　곧 유연有燃이 없다고 이르니라.

145. 만약에 법이 대待로 인하여 성립한다면
　　　이러한 법은 도리어 대待를 이루게 되나니
　　　지금은 곧 대待로 인함이 없고
　　　또한 법을 이루는 바도 없느니라.

146. 만약에 법이 대待를 이루어
　　　아직 이루지 못했다면 어찌 대待하리오.
　　　만약에 이루고 나서 대待가 있으면
　　　이루고 나서 어찌 대待를 쓰리오.

147. 가연可燃으로 인因한 연燃함은 없고
　　　인因하지 않고 또한 연도 없나니
　　　연燃으로 인한 가연可燃이 없고
　　　인因하지 않은 가연可燃은 없느니라.

148. 연燃은 다른 곳에서 오는 것이 아니며
　　　연燃한 곳은 또한 연燃이 없나니
　　　가연可燃 또한 이와 같아서
　　　나머지 거래去來에서 설함과 같으니라.

149. 가연可燃이 곧 연燃은 아니나
　　　가연可燃을 떠나서 연燃은 없느니라.
　　　연燃은 가연可燃에 있지 않고
　　　연燃 중에 가연可燃은 없으며
　　　가연可燃 중에 연燃도 없느니라.

150. 연燃과 가연법可燃法으로
     수受와 수자受者의 법을 설명하였느니라.
     그리고 병이나 옷으로
     일체 모든 법을 설명하였느니라.

151. 만약 어떤 이가 나我가 있고,
     모든 법에 각각 다른 상이 있다고 말한다면
     마땅히 알라.
     이와 같은 사람은
     불법의 맛을 얻지 못하리라.

제 11 품

관본제품
觀本際品

제11품 **관본제품** 觀本際品

152. 대성인께서 말씀하셨듯이
     본제本際는 가히 얻을 수 없고,
     생사生死는 시작도 있지 않고
     또한 다시 끝도 있지 않느니라.

153. 만약에 시작과 끝이 없다면
     중간이 마땅히 어찌 있으리오.
     이러한 까닭으로 이 중에서
     먼저와 나중이 함께 또한 없느니라.

154. 만약에 생生이 먼저 있고
     후에 노사老死가 있는 것이라면
     노사老死 없이 생生이 있게 되며
     생生 없이 노사老死도 있게 된다.

155. 만약에 먼저 노사老死가 있고
후에 생生이 있는 것이라면
이러한 즉 무인無因이 되니
생生이 없이 노사老死가 있는 것이니라.

156. 생生 및 노사老死는
일시에 함께 얻을 수 없느니라.
생生할 때 곧 죽음이 있다면
이 2가지가 함께 무인無因이 되느니라.

157. 만약에 먼저, 나중 함께하는 것이
이것이 모두 맞지 않는 것이라면
무슨 까닭으로 희론하여
생노사生老死가 있다고 이르는가.

158. 모든 있는 바 인과因果와
상相 및 가상법可相法과
수受 및 수자受者 등
있는바 일체법은

159. 단 생사生死에서 본제本際를
가히 얻을 수 없는 것이 아니라
이와 같은 일체법의 본제가
모두 또한 없느니라.

제 12 품

관고품
觀苦品

제12품 **관고품** 觀苦品

160. 스스로 만들거나 타인이 만들거나
　　　함께 만들거나 인因이 없이 만들어지거나
　　　이와 같은 모든 고통을 말함은
　　　과果에 있어서는 맞지 않느니라.

161. 고苦가 만일 스스로 만들어지는 것이라면
　　　곧 연緣으로부터 생하는 것이 아니니
　　　인因은 이 음이 있는 까닭으로
　　　저 음陰을 생함이 있느니라.

162. 만일 이 오음五陰이
　　　저 오음五陰과 다르다고 말한다면
　　　이와 같은 즉 응당히 다른 것으로부터
　　　고를 만든다고 말하리라.

163. 만약에 어떤 이가 스스로 고를 만든다면
      고를 떠나서 어찌 사람이 있으며
      저 사람이 능히
      스스로 고를 만든다고 말하리오.

164. 만약에 고苦가 타인이 만들어서
      이 사람에게 주는 것이라면
      만약에 마땅히 고苦를 떠나서
      어찌 이 사람이 받음이 있으리오.

165. 고苦가 만일 저 사람이 만들어서
      가지고 이 사람에게 주는 것이라면
      고苦를 떠나서 어떤 사람이 있을 수 있어서
      능히 이 사람에게 주리오.

83

166. 스스로 만드는 것이
    만약 이루어지지 않는다면
    어찌 다른 이가 고苦를 짓는다고 말하고
    만약에 저 사람이 고苦를 지으면
    곧 또한 스스로 짓는다고 이름하리오.

167. 고苦는 스스로 짓는다고 이름하지 않고
    법은 스스로 법을 만들지 않는다.
    저것이 스스로 체體가 있지 않는데
    어찌 저것이 고를 만들리오.

168. 만약에 이것과 저것이 고苦를 이룬다고 하면
    응당히 함께 고苦를 지으리라.
    이것과 저것이 오히려 짓는 것이 없으면
    어찌 하물며 무인無因이 지으리오.

169. 단 고^苦에 있어서만
      4종의 뜻이
      이루어지지지 않음을 말하는 것이 아니라
      일체 밖의 만물이
      4종의 뜻이 또한 이루어질 수 없느니라.

제13품

관행품
觀行品

제13품 **관행품** 觀行品

170. 불경佛經에서 설하신 것처럼
    허광虛誑한 것은 망령되이 취한 상이라.
    모든 행은 망령되이 취해진 까닭으로
    이것을 이름하여 허광虛誑이라 하느니라.

171. 허광虛誑하여 망령되이 취하는 것
    이 중에서 취한 바가 무엇이리오.
    부처님께서 이와 같은 일을 말씀하셔서
    공의空義를 보이고자 하심이라.

172. 모든 법은 다름이 있는 까닭으로
    모두 무성無性임을 알고
    무성법無性法 또한
    일체 법이 공한 까닭으로 없느니라.

173. 모든 법이 만일 성품이 없다면
    어찌 영아에서부터
    노인에 이르기까지
    종종 다름이 있다고 말하리오.

174. 만약에 모든 법이 성품이 있다면
    어찌 다름을 얻고
    만약에 모든 법에 성품이 없다면
    어찌 다름이 있으리오.

175. 이 법인 즉 다르지 않고
    다른 법 또한 다름이 없나니
    마치 젊은이가 노인이 될 수 없고
    노인 또한 젊은이가 될 수 없는 것과 같으니라.

176. 만일 법이 다르다면
     우유는 곧 응당 제醍이다.
     우유를 떠나서 어느 법이 있어서
     능히 제醍를 만들리오.

177. 만약에 공空하지 않는 법이 있다면
     응당히 공법空法이 있어야 하고
     사실 공하지 않은 법이 없는데
     어찌 공법空法이 있음을 얻으리오.

178. 대성大聖께서 모든 견해를 떠나게 하고자
     공법空法을 말씀하셨는데
     만약에 다시 공함이 있다는 견해를 내면
     어떤 부처님도 교화하실 수 없느니라.

제14품

관합품
觀合品

제14품 **관합품** 觀合品

179. 견見과 가견可見, 견자見者,
이 셋은 각자 다른 방향이다.
이와 같이 3법法이 다르고
마침내 합한 때는 있지 않느니라.

180. 염染과 가염可染, 염자染者
또한 다시 그러하다.
나머지 입入과 나머지 번뇌
모두 또한 이와 같나니라.

181. 다른 법은 마땅히 합이 있으나
보는 등은 다름이 있지 않나니
다른 상相은 이룰 수 없는 까닭으로
보는 등을 어떻게 합한다고 말하리오.

182. 다만 보는 등의 법만이
　　　다른 상相을 얻을 수 없는 것이 아니라
　　　있는 바 일체법이
　　　모두 다른 상이 없느니라.

183. 다른 것과, 다른 것으로 인함과, 다름이 있음과,
　　　다른 것과, 다름을 떠남과, 다름이 없음과
　　　만약에 법이 인因으로ㅍ부터 나오면
　　　이 법은 인因이 다르지 않느니라.

184. 만약에 다른 것으로부터 떠난 다름은
　　　응당히 나머지 다름이 있고
　　　다름으로부터 떠난 것은 다름이 없나니
　　　이런 까닭으로 다름은 있지 않느니라.

185. 다른 것 중에는
　　　다른 상이 없고
　　　다르지 않은 것 중에
　　　또한 없나니
　　　다른 상이 있지 않은 까닭으로
　　　피차의 다름은 없느니라.

186. 이 법은 스스로 합하지 않는다.
　　　다른 법 또한 합하지 않는다.
　　　합하는 자 및 합할 때
　　　합하는 법 또한 모두 없나니라.

제15품

관유무품
觀有無品

제15품 **관유무품** 觀有無品

187. 모든 연緣 중에 성품이 있다면
이 일은 곧 맞지 않나니
성품이 모든 연緣으로부터 나온다면
곧 작법作法이라고 이름해야 하느니라.

188. 성품이 만약 지은 자라면
어찌 이러한 뜻이 있다고 이르며
성품이 무작無作이라고 이름하면
다른 법을 이룸을 대待하지 않음이라.

189. 법이 만약에 자성自性이 없으면
어찌 타성他性이 있다고 말하리오.
타성에 있어서 자성은
또한 타성이라고 이름하니라.

190. 자성自性과 타성他性을 떠나서
어찌 다시 법이 있음을 얻으리오.
만약에 자타성이 있다면
모든 법이 곧 성性을 얻느니라.

191. 유有가 만일 이룰 수 없는 것이라면
무無를 어찌 이룰 수 있다고 말하며
유有로 인하여 법이 있는 까닭으로
유有가 무너지면
무無라고 이름하느니라.

192. 만일 사람이 유무有無를 보거나
자성自性 타성他性을 본다면
이와 같은 즉
부처님 법의 진실한 뜻을 보지 못하느니라.

193. 부처님께서
가전연을 교화하신 것과 같이
경 중에서 설하신 바
유有를 떠나고 또한 무無를 떠나서
능히 유무有無를 멸하심이라.

194. 만약에 법이 실로 성품이 있으면
후에도 곧 마땅히 다르지 않으리라.
성품이 만약에 다른 상相이 있으면
이 일은 마침내 맞지 않느니라.

195. 만약에 법이 실제로 성품이 있으면
어찌 가히 다르다고 말하며
만약에 법이 실제로 성품이 없으면
어찌 가히 다르다고 말하리오.

196. 정定함이 있다하면 상常에 집착하는 것이고
     정定함이 없다하면 단斷에 집착하는 것이니
     이러한 까닭으로 지혜 있는 자는
     응당히 유무有無에 집착하지 않느니라.

197. 만약에 법이 정한 성품이 있어
     없어지지 않으면 상常이 되고,
     먼저 있다가 지금은 없어졌다면
     이러한 즉 단멸이 되느니라.

관박해품
觀縛解品

제16품 관박해품 觀縛解品

198. 모든 행이 왕래往來하는 것이라면
항상常하여도 왕래往來에 응할 수 없고
무상無常하여도 또한 응할 수 없고
중생 또한 다시 그러하니라.

199. 만약에 중생이 왕래하면
음陰·계界 모든 입入 중에서
5종류를 구하여도 다 없는데
누가 왕래하는 것이리오.

200. 만약에 몸으로부터 몸으로
왕래한다면 곧 몸은 없나니
만약에 그 몸이 있지 않다면
곧 왕래는 있지 않느니라.

201. 모든 행이 만일 멸하는 것이라면
      이러한 일은 마침내 그렇지 않고,
      중생이 만일 멸하는 것이라면
      이러한 일은 또한 그렇지 않느니라.

202. 모든 행의 생멸상生滅相은
      묶이지도 않고 또한 풀리지도 않으며
      중생도 먼저 말한 바와 같이
      묶임도 없고 풀림도 없느니라.

203. 만약에 몸을 묶인다고 이름한다면
      몸이 있은 즉 묶임이 없고
      몸이 없는 즉 또한 묶임이 없나니
      어떠한 묶임이 있으리오.

제
16
품
관
박
해
품

204. 만약에 가히 묶임을 당한 자가 먼저 묶고
     곧 응당히 묶임을 당한 자를 묶어야 한다.
     그러나 먼저 실제로 묶을 수 없나니
     나머지는 거래去來의 답과 같으니라.

205. 묶는 자는 풀음이 없고
     묶지 않는 자 또한 풀음이 없나니
     묶을 때 푸는 자가 있다면
     묶고 풀음이 곧 한때이다.

206. 만일 모든 법을 받아들이지 않는다면
     내가 마땅히 열반을 얻고
     만일 사람이 이와 같은 자라면
     다시 묶인 바를 받게 되느니라.

207. 생사生死를 떠나서
　　　달리 열반이 있는 것이 아니니
　　　실상의 뜻이 이와 같나니
　　　어찌 분별이 있다고 이르리오.

제17품

관업품
觀業品

제17품 **관업품** 觀業品

208. 사람은 마음을 항복 받아서
     중생을 이익 되게 할 수 있으니
     이것을 이름하여 자선慈善이라 하고
     2세世 과보의 종자가 되느니라.

209. 대성인께서 2가지 업을 설하셨는데
     사思와, 사思로부터 생한 것이니
     이 업의 별상別相 중에
     가지가지 분별을 설하셨느니라.

210. 부처님께서 설하신 사思라는 것은
     이른바 의업意業이고,
     사思로부터 생한 것은
     곧 신身·구口의 업業이니라.

211. 신업身業 및 구업口業
     작업作業과 무작업無作業
     이와 같은 4사事 중에는
     혹은 선하거나 혹은 선하지 않느니라.

212. 용用을 쫓아 생긴 복덕,
     죄가 생함 역시 이와 같고
     사思까지 7법이 되나니
     능히 모든 업상業相을 완료함이라.

213. 업이 머물러서 보報를 받음에 이르면
     이 업인 즉 항상하게 되고
     만약에 멸한 즉 업이 없으니
     어찌 과보를 생한다고 이르리오.

214. 싹芽 등이 상속하는 것처럼
모두 종자로부터 생하느니라.
이로부터 과果가 생하나니
종자를 떠나서 상속은 없느니라.

215. 종자로부터 상속相續이 있고
상속으로부터 과가 있고
종자가 먼저고 후에 과가 있으니
끊어짐도 없고 또한 항상함도 없느니라.

216. 이와 같이 초심으로부터
심법心法이 상속하여 생하고
이로부터 과가 생하나니
마음을 떠나서 상속은 없느니라.

217. 마음으로부터 상속이 있고
     상속으로부터 과가 있고
     업이 먼저고 후에 과가 있고
     끊어짐도 없고
     또한 항상함도 없느니라.

218. 능히 복덕을 이루는 자는
     십백업도十白業道이고
     이세二世의 오욕락은
     곧 백업보白業報이니라.

219. 만일 너의 분별과 같다면
     그 허물이 곧 매우 많나니
     이러한 까닭으로 네가 말한 바는
     뜻에 곧 맞지 않느니라.

220. 지금 마땅히 다시
     업에 순응하는 과보의 의미를 말하리라.
     모든 부처님과 벽지불
     현성께서 칭탄하시는 바이니라

221. 잃음이 없는 법은 권券과 같고
     업은 빚진 재물과 같고
     이 성품은 기록이 없나니
     분별은 사종이 있느니라.

222. 제諦를 본다고 끊어지는 것이 아니고
     다만 사유함으로 끊어지나니
     이 잃음이 없는 법으로
     모든 업이 과보가 있느니라.

223. 만약에 제諦를 보고 끊어져
　　　업이 비슷하게 이르른다면
　　　업을 파한다는 등의
　　　이와 같은 허물을 갖게 되느니라.

224. 일체 모든 행업은
　　　비슷하건 비슷하지 않건
　　　한 세계 처음에 몸을 받아서
　　　이때에 과보가 홀로 생하느니라.

225. 이와 같은 2종류의 업은
　　　현세의 과보를 받고
　　　혹은 과보를 받고 나서
　　　업은 오히려 짐짓 있다고 말하느니라.

226. 만약에 과果를 제도하고 나서 멸하거나
만약에 죽고 나서 멸하고
이 중에 분별이
유루 및 무루이니라.

227. 비록 공空하지만 또한 끊어지지 않고
비록 있으나 또한 항상 하지 않고
업과 과보를 잃음이 없나니
이것이 이름하여
부처님 설하신 바이니라.

228. 모든 업은 본래 생이 없나니
정한 성품이 없는 까닭이라.
모든 업 또한 멸이 없나니
생이 없는 까닭이니라.

229. 만약에 업이 성품이 있는 것이라면
　　　이러한 즉 항상하다고 이름하고
　　　짓지 않아도 또한 업이라 이름하고
　　　항상하다면 가히 지을 수 없느니라.

230. 만약에 짓지도 않는 업이 있다면
　　　짓지도 않은 죄가 있고
　　　범행을 끊음이 없이
　　　청정하지 못한 허물이 있느니라.

231. 이러한 즉
　　　일체 세간 언어 법을 파하나니
　　　죄를 짓고 복을 짓는 것
　　　또한 차별이 있지 않느니라.

232. 만약에 업이 결정적이어서
    스스로 성품이 있는 것이라고 말한다면
    과보를 받고 나서
    응당히 또 다시 받게 되리라.

233. 만약에 모든 세간 업이
    번뇌로부터 생하고
    이 번뇌가 실實이 아니라면
    업이 마땅히 어찌 실實이 있으리오.

234. 모든 번뇌 및 업이
    이것은 몸의 인연이라고 말하는데
    번뇌의 모든 업이 공하거늘
    어찌 하물며 모든 몸이리오.

235. 무명으로 가린 바와
    애욕의 결과로 묶인 바와
    그리고 본래 지은 자는
    즉卽도 아니고 또한 다르지도 않느니라.

236. 업은 연에서 생하는 것도 아니고
    비연으로부터 생하는 것도 아니라.
    이러한 까닭으로
    능히 업을 일으키는 자가 있지 않느니라.

237. 업이 없고 지은 자도 없는데
    어찌 업이 과를 생함이 있으리오.
    만약에 그것이 과가 있지 않으면
    어찌 과를 받는 자가 있으리오.

238. 마치 세존 신통으로
지어진 변화인과 같이
이와 같이 변화인이
다시 변하여 변화인을 짓느니라.

239. 마치 처음 변화인이
이것을 이름하여 짓는 자라고 하고
변화인이 지은 바는
이것을 이름하여 업이라고 하느니라.

240. 모든 번뇌 및 업
지은 자 및 과보
모두 환과 더불어 꿈과 같고
불꽃 같고 또한 메아리와 같으니라.

제18품

관법품
觀法品

제18품 **관법품** 觀法品

241. 만일 아我가 오음五陰이라면
아我는 곧 생멸이 되고
만일 아가 오음과 다르다면
곧 오음五陰의 상이 아니니라.

242. 만일 아我가 있지 않는 것이라면
어찌 아소我所가 있음을 얻으리오.
아我와 아소我所가 멸한 까닭으로
무아無我의 지를 얻었다 이름하느니라.

243. 무아無我의 지혜를 얻는 자를
이는 곧 이름하여 실제를 본다고 하고
무아의 지혜를 얻은 자
이 사람은 희유함이라.

244. 안과 밖 아我와 아소我所
다 멸하여 있지 않은 까닭으로
모든 수受가 곧 멸하게 되고
수受가 멸한 즉 몸이 멸하느니라.

245. 업과 번뇌가 멸한 까닭으로
이름하여 해탈이라 하고
업과 번뇌가 실이 아니므로
공空에 들어가 희론을 멸하느니라.

246. 모든 부처님께서 혹 아我를 설하고
혹은 무아無我를 설하셨어도
모든 법의 실상 중에는
아我도 없고 비아非我도 없느니라.

247. 모든 법의 실상이라고 하는 것은
　　　마음이 행하여 언어가 끊어지고
　　　무생無生 또는 무멸無滅이며
　　　적멸은 열반과 같으니라.

248. 일체 실實과 비실非實
　　　또한 실實과 또한 비실非實
　　　비실非實과 비실非實이 아님
　　　이것을 이름하여 모든 불법이라 하느니라.

249. 스스로 알아 타他를 따르지 않고
　　　적멸하여 희론이 없고
　　　다름이 없고 분별도 없고
　　　이를 곧 이름하여 실상이라 하느니라.

250. 만약에 법이 연緣으로부터 생하고
즉하지도 않고 다른 인因도 아니니
이러한 까닭으로
이름하여 실상이라 하나니
끊어짐도 없고 또한 항상함도 없느니라.

251. 하나도 없고 또한 다른 것도 없으며
항상함도 없고 또한 끊어짐도 없나니
이것을 이름하여
모든 세존께서 감로의 맛으로
교화한다 하느니라.

252. 만약에 부처님께서 세상에 나지 않으셔서
불법이 이미 멸하여 다하여지더라도
모든 벽지불의 지혜는
원리遠離로부터 나타나느니라.

제19품

관시품
觀時品

제19품 관시품 觀時品

253. 만약에 과거 때時로 인하여
미래 현재가 있다면
미래 및 현재가
응당히 과거의 때時에 있으리라.

254. 만약에 과거의 때時 중에
미래 현재가 없다면
미래 현재의 때時가
어찌 과거로 인한다고 하리오.

255. 과거의 때時로 인하지 않았다면
곧 미래의 때時는 없고
또한 현재의 때時도 없나니
이러한 까닭으로 두 때時는 없느니라.

256. 이와 같은 뜻이 있는 까닭으로
　　　곧 나머지 두 때를 알아
　　　상중하와 하나와 다른 것
　　　이러한 등의 법 모두 없나니라.

257. 때가 머무는 것은 가히 얻을 수 없고
　　　때가 가는 것 또한 얻을 수 없고,
　　　때가 만약에 가히 얻을 수 없다면
　　　어찌 때의 상을 말하리오.

258. 물物로 인한 까닭으로 때時가 있는데
　　　물物을 떠나면 어찌 때時가 있으리오.
　　　물物은 오히려 있는 바가 없으니
　　　어찌 하물며 마땅히 때時에
　　　들어맞으리오.

제 20 품

관인과품
觀因果品

제20품 **관인과품** 觀因果品

259. 만약에 여러 인연이 화합하여서
과果를 생하는 것이 있다면
화합 중에 이미 있는데
어찌 모름지기 화합을 생하리오.

260. 만약에 여러 인연이 화합하여서
이 중의 과가 없는 것이라면
어찌 여러 인연으로부터
화합하고 과를 생한다고 하리오.

261. 만약에 여러 인연이 화합하여서
이 중에서 과가 있는 것이라면
화합 중에 응당히 있지만
실은 가히 얻을 수 없으리라.

262. 만약에 여러 인연이 화합하여
　　　이 중에서 과가 없는 것이라면
　　　이는 곧 모든 인연이
　　　인연이 아닌 것과 더불어 같으니라.

263. 만약에 인因과 더불어 과인果因이
　　　인을 짓고 나서 멸하면
　　　이 인因이 2체가 있는 것이니
　　　하나는 주는 것이고
　　　하나는 곧 멸하는 것이니라.

264. 만약에 인因이 과를 주지 않고
　　　인因을 짓고 나서 멸하면
　　　인因이 멸하고 과를 생하게 되나니
　　　이 과는 곧 인이 없는 것이 되느니라.

265. 만약에 모든 인연이 화합할 때
과果를 생하는 것이라면
생하는 자 및 가생可生은
곧 한 때에 함께하는 것이 된다.

266. 만약에 먼저 과果를 생하고
후에 모든 인연이 합하면
이는 곧 인연을 떠나니
이름하여 인과因果는 없다고 하느니라.

267. 만약에 인因이 변하여 과果가 되고
인因이 곧 과果에 이른다면
이는 곧 전생의 인因이
생하고 나서 다시 생하는 것이 되느니라.

268. 어찌 인因을 멸하여 잃었는데
　　　능히 과果를 생하고,
　　　또 만약에 인因이 과果가 있으면
　　　어찌 인因이 과果를 생한다고 하리오.

269. 만약에 인因이 과果에 두루하면
　　　다시 무엇 등이 과를 생하며
　　　인因이 과果를 당하든지 안 당하든지
　　　이 둘은 함께 생하지 않느니라.

270. 만약에 과거의 인因을 말하지만
　　　과거의 과果와
　　　미래 현재의 과果는
　　　이는 곧 마침내 합하지 않느니라.

271. 만약에 미래의 인因을 말한다면
　　　미래의 과果에
　　　현재 과거의 과果는
　　　이는 곧 마침내 합하지 않느니라.

272. 만약에 현재의 인을 말한다면
　　　현재의 과果에
　　　미래 과거의 과果는
　　　이는 곧 마침내 합하지 않느니라.

273. 만약에 화합하지 않는다면
　　　인因이 어찌 능히 과果를 생하고
　　　만약에 화합함이 있다면
　　　인因이 어찌 능히 과果를 생하리오.

274. 만약에 인因이 공空하여 과果가 없으면
     인因이 어찌 과果를 생하고
     만약에 인因이 공空하지 않는 과果라면
     인因이 어찌 능히 과果를 생하리오.

275. 과果가 공空하지 않다면 생하지 않고
     과果가 공空하지 않으면 멸하지 않나니
     과果가 공空하지 않는 까닭으로
     생이 없고 또한 멸도 없으리라.

276. 과果가 공空한 까닭으로 생이 없고
     과果가 공空한 까닭으로 멸이 없다면
     과果가 공空한 까닭으로
     생도 없고 또한 멸도 없으리라.

277. 인과因果가 하나라는 것
    이 일을 따르는 것은 맞지 않으며
    인과가 만약에 다른 것
    이 일 또한 맞지 않느니라.

278. 만약에 인과가 하나라면
    생 및 생한 바는 하나이며
    만약에 인과因果가 다르다면
    인因이 곧 비인非因과 한가지니라.

279. 만약에 과가 정定하여 성품이 있다면
    인因은 어찌 생한 바가 되리오.
    만약에 과果가 정定하여 성품이 없다면
    인因이 어찌 생한 바가 되리오.

280. 인因이 과果를 생하지 않는 것이라면
　　　곧 인의 상은 있지 않고
　　　만약에 인因의 상이 있지 않으면
　　　누구에게 능히 과가 있겠는가.

281. 만약에 모든 인연으로부터
　　　화합한 생이 있고
　　　화합하는 것이 생하지 않는다면
　　　어찌 능히 과를 생하리오.

282. 이러한 까닭으로 과果는
　　　연을 합하거나 합하지 않고서
　　　생함을 따르지 않느니라.
　　　만약에 과가 있지 않는 것이라면
　　　어느 곳에서 법을 합하리오.

관성괴품
觀成壞品

제21품 관성괴품 觀成壞品

283. 이룸을 떠났던지 및 함께 이루었던지
이 중에 무너짐은 있지 않으며
무너짐을 떠났던지 함께 무너지던지
이 중에 또한 이룸은 없느니라.

284. 만약에 이루는 것을 떠나면
어찌 무너짐이 있다고 하겠는가.
마치 생生이 없이 사死가 있는 것과 같나니
이 일은 곧 맞지 않느니라.

285. 이루고 무너짐이 함께 있다면
어찌 이루고 무너짐이 있다고 하겠는가.
마치 세간의 생사生死가
일시一時에 함께하는 것이 맞지 않는 것처럼.

286. 만약에 무너짐을 떠난 것이라면
     어찌 마땅히 이룸이 있다고 이르며
     무상無常은
     모든 법의 있지 않은 때가 일찍이 없었느니라.

287. 이루고 무너짐이 함께 이룸이 없고
     떠남 또한 이룸이 없나니
     이 둘은 함께 불가不可하니
     어찌 마땅히 이룸이 있다고 하리오.

288. 다한 즉 이룸이 있지 않고
     다하지 않음 또한 이룸이 없고
     다한 즉 무너짐이 있지 않고
     다하지 않음 또한 무너짐이 없느니라.

289. 만약에 이루고 무너짐을 떠나면
　　　 이 또한 법이 있지 않고
　　　 만약에 마땅히 법을 떠나면
　　　 또한 이루고 무너짐은 있지 않느니라.

290. 만약에 법성이 공한 것이라면
　　　 누가 마땅히
　　　 이루고 무너짐이 있다고 하며
　　　 만약에 성품이 공하지 않은 것이라면
　　　 또한 이루고 무너짐은 있지 않느니라.

291. 이루고 무너짐이 만약에 하나라면
　　　 이 일은 맞지 않고
　　　 이루고 무너짐이 만약 다른 것이라면
　　　 이 일 또한 맞지 않느니라.

292. 만약에 눈으로
    생멸이 있다는 것을 본다고 말한다면
    곧 어리석고 망妄이 있는 것이 되어
    생멸이 있다고 보는 것이니라.

293. 법으로부터 법을 생하지 않고
    또한 비법도 생하지 않고,
    비법으로부터
    법 및 비법도 생하지 않음이라.

294. 법이 스스로부터 생하지 않고
    또한 타로부터도 생하지 않으며
    자타로부터도 생하지 않나니
    어찌 생이 있다고 하리오.

295. 만약에 받는 바의 법이 있다면
　　　곧 단斷과 상常에 떨어지나니
　　　마땅히 알라.
　　　받는 바의 법은 상도 되고
　　　무상도 되느니라.

296. 있는바 법을 받는 자는
　　　단상斷常에 떨어지지 않고
　　　인과가 상속한 까닭으로
　　　단斷도 아니고 또한 상常도 아님이라.

297. 만약에 인과의 생멸이
　　　상속하여 끊어지지 않으면
　　　멸은 다시 생이 있지 않은 까닭으로
　　　인因이 곧 단멸이 되느니라.

298. 법이 자성에서 머문다면
응당히 유무는 있지 않나니라.
열반이 상속을 멸한 즉
단멸에 떨어지느니라.

299. 만약에 처음에 멸이 있는 것이라면
곧 후의 유는 있지 않느니라.
처음에 만약에 멸이 없다면
또한 후의 유는 있지 않느니라.

300. 만약에 처음에 멸이 있을 때에
후에 생함이 있는 것이라면
멸할 때 하나가 있고,
생할 때 하나가 있으리라.

301. 만약에 생멸에
한 때라고 이른다는 것은
곧 이 음陰에서 죽어
곧 이 음陰에서 생함을 말하느니라.

302. 삼세 중에서 유를 구하면
상속은 얻을 수 없고
만약에 삼세 중에서 무를 구하면
어찌 상속이 있으리오.

제 22 품

관여래품
觀如來品

제22품 **관여래품** 觀如來品

303. 음도 아니고 음陰을 떠난 것도 아니고
피차 서로 있지 않느니라.
여래는 음陰에 있지 않으니
어느 곳에 여래가 있으리오.

304. 음이 합하여 여래가 있다면
곧 자성은 있지 않으며
만약에 자성이 있지 않다면
어찌 타로 인하여 있으리오.

305. 법이 만약에 타他로 인하여 생한다면
이는 곧 비아非我가 되느니라.
만약에 법이 비아非我라면
어찌 여래가 있다고 하리오.

306. 만약에 자성自性이 있지 않다면
　　　어찌 타성이 있으리오.
　　　자성 타성을 떠나서
　　　어찌 여래가 된다고 이름하리오.

307. 만약에 오음五陰을 인하지 않고
　　　먼저 여래가 있다는 것은
　　　지금 음을 받는 까닭에
　　　곧 여래가 된다고 말하리라.

308. 지금 실로 음을 받지 않는다면
　　　다시 여래법은 없고
　　　만약에 음을 받지 않는다면
　　　지금 마땅히 어찌 받는다고 이르리오.

309. 만약에 그것을 아직 받지 않았다면
　　　받는 바를 받는다고 이름하지 않고
　　　유도 없고 받는 법도 없다면
　　　여래가 된다고 이름하느니라.

310. 만약에 하나이거나 다른 것 중에
　　　여래가 가히 얻을 수 없다면
　　　5종류를 구하나 또한 없나니
　　　어찌 받는 중에 있으리오.

311. 또한 오음을 받는 바는
　　　자성自性으로부터 있지 않느니라.
　　　만약에 자성自性으로부터 없다면
　　　어찌 타성他性으로 있으리오.

312. 이와 같은 뜻인 까닭으로
    받는 것도 공空하고 받는 자도 공空하니
    어찌 마땅히 공空으로서
    여래를 공空하다고 말하리오.

313. 공空은 곧 가히 말할 수 없고
    비공非空도 가히 말할 수 없느니라.
    함께이건 함께가 아니건 말할 수 없나니
    단지 가명으로 말할 뿐이니라.

314. 적멸상寂滅相 중에는
    상常 무상無常 등 4가지가 없으며
    적멸상寂滅相 중에
    변, 무변 등 4가지가 없느니라.

315. 사견이 깊고 두터운 자는
    곧 여래가 없다고 말하고
    여래의 적멸상을
    있다거나 또는 없다고 분별하느니라.

316. 이와 같이 성품이 공한 중에서
    사유思惟 또한 불가함이라.
    여래가 멸도한 후
    유무에 분별을 하느니라.

317. 여래는 희론을 넘어섰건만
    사람들은 희론을 하는구나.
    희론은 혜안을 파破하고
    이것으로 모두 부처님을 보지 못하느니라.

318. 여래의 있는바 성품이
      곧 이것이 세간의 성품이라.
      여래는 성품이 있지 않고
      세간 또한 성품이 없느니라.

제 23 품

관전도품
觀顚倒品

제23품 관전도품 觀顚倒品

319. 억상분별憶想分別로부터
탐에치貪恚癡가 생하며
청정과 부정不淨의 전도顚倒가
모두 모든 연緣에서부터 생하느니라.

320. 만일 청정과 부정으로 인하여
전도하여 삼독을 생한다면
삼독인 즉 성품이 없으므로
고로 번뇌는 실實이 아니니라.

321. 아법我法이 무無로서 있다면
이러한 일은 마침내 이룰 수 없으며
무아無我의 모든 번뇌
유무 또한 이룰 수 없느니라.

322. 누가 이 번뇌가 있는가?
　　　이것은 곧 이룰 수 없음이 되고
　　　만약에 이것을 떠나서 있다면
　　　번뇌는 곧 소속이 없느니라.

323. 마치 몸이 5종을 보고
　　　그것을 구하나 얻을 수 없는 것처럼
　　　더러워진 번뇌의 마음으로
　　　다섯 가지를 구하나 또한 얻을 수 없느니라.

324. 청정과 부정의 전도
　　　이것은 곧 자성이 없나니
　　　어찌 이 둘로 인하여
　　　모든 번뇌를 생하리오.

325. 색성향미촉色聲香味觸
　　　및 법法이 6종이 됨이라.
　　　이와 같은 6종류가
　　　삼독의 근본이니라.

326. 색성향미촉色聲香味觸
　　　및 법의 체體 6종이
　　　모두 공하여 불꽃과 꿈과 같고
　　　건달바성과 같으니라.

327. 이와 같은 6종 중에
　　　어찌 청정과 부정이 있으리오.
　　　비유하면 환화인幻化人과 같고
　　　또한 거울 속의 상과 같으니라.

328. 청정한 상으로 인하지 않는다면
곧 부정은 있지 않나니
정으로 인하여 부정이 있다면
이러한 까닭으로 부정은 없나니라.

329. 부정으로 인하지 않고
곧 또한 청정은 있지 않느니라.
부정으로 인하여 청정이 있나니
이러한 까닭으로 청정은 있지 않느니라.

330. 만약에 청정이 있지 않는 것이라면
무엇으로 말미암아 탐貪이 있고
만약에 부정이 있지 않다면
무엇으로 말미암아 에恚가 있으리오.

331. 무상無常을 상常이라고 집착한다면
　　　이는 곧 전도라 이름하지만
　　　공空 중에 상常은 있지 않으니
　　　어느 곳에 상常이 전도되리오.

332. 만약에 무상無常 중에
　　　무상無常을 집착하면 전도가 아니겠지만
　　　공空 중에 무상無常은 없나니
　　　어찌 전도가 아님이 있으리오.

333. 집착될 것, 집착하는 것, 집착
　　　및 집착에 쓰이는 바의 법
　　　이 모두 적멸상寂滅相이니
　　　 어찌 착이 있다고 이르리오.

334. 만약에 집착하는 법이 있지 않은데
　　　전도가 삿되다고 말하고
　　　전도 아님이 바르다고 말한다면
　　　누가 이와 같은 일이 있으리오.

335. 전도가 있어도 전도가 생하지 않고
　　　전도가 없어도 전도가 생하지 않고
　　　전도된 것도 전도를 생하지 않고
　　　전도도 없고 또한 생도 없느니라.

336. 만약에 전도될 때
　　　또한 전도를 생함이 없으면
　　　그대는 가히 스스로 관찰할 수 있나니
　　　누가 전도를 생하는가를.

337. 모든 전도가 생하지 않는데
　　　어찌 이 뜻이 있으리오.
　　　전도가 있지 않은 까닭으로
　　　어찌 전도자가 있으리오.

338. 만약 상아락정常我樂淨이
　　　이것이 실로 있는 것이라면
　　　이 상아락정常我樂淨인 즉
　　　이 전도가 아니니라.

339. 만약에 상아락정常我樂淨이
　　　실로 있지 않은 것이라면
　　　무상無常과 고苦와 부정不淨
　　　이는 곧 또한 응당히 없느니라.

340. 이와 같이 전도가 멸하면
     무명無明은 곧 또한 멸하고
     무명無明이 멸한 까닭으로
     모든 행 등은 또한 멸하느니라.

341. 만약에 모든 번뇌의 성품이 실재하고
     속한 바가 있는 것이라면
     어찌 마땅히 가히 끊을 수 있으며
     누가 능히 그 성품을 끊으리오.

342. 만약에 번뇌가 허망하여
     성품도 없고 속한 자도 없다면
     어찌 마땅히 가히 끊는다고 하며
     누가 능히 성품이 없는 것을 끊으리오.

제 24 품

관사제품
觀四諦品

제24품 **관사제품** 觀四諦品

343. 만약에 일체가 모두 공하다면
생도 없고 또한 멸도 없나니
이와 같은 즉
사성제의 법도 또한 없느니라.

344. 사제四諦가 없는 까닭으로
고苦를 보고 더불어 집集을 끊고
멸滅을 증득하고 및 도道를 닦는
이와 같은 일은 모두 없느니라.

345. 이와 같은 일이 없는 까닭으로
곧 사도四道의 과果도 없고
사과四果가 없는 까닭으로
향向함을 얻는 자 또한 없느니라.

346. 만약에 8현성이 없다면
    승보僧寶도 없고,
    사제가 없는 까닭으로
    또한 법보法寶도 없느니라.

347. 법보와 승보가 없는 까닭으로
    또한 불보도 없나니
    이와 같이 공을 말하는 자
    이러한 즉 삼보를 파한다.

348. 공空이란 법은 인과를 파괴하고
    또한 죄복을 파괴하고
    또한 다시 일체 세속법을
    다 헐고 파괴하느니라.

349. 너는 지금 실제로
공과 공의 인연因緣과
공의 뜻을 아는 것이 불가능이다.
이러한 까닭으로
스스로 고뇌를 생하느니라.

350. 모든 부처님께서
2제에 의거하여
중생을 위하여 법을 설하시나니
첫째는 세속제世俗諦이고
둘째는 제일의제第一義諦이니라.

351. 만약에 사람이
2제로서 분별하여 알지 못한다면
깊은 불법의 진실한 뜻을
알지 못하느니라.

352. 만약 속제에 의거하지 않고
      제일의제를 얻을 수는 없다.
      제일의제를 얻지 못한다면
      열반은 얻을 수 없느니라.

353. 공을 올바로 관하는 것이 불가능하여
      둔한 근기인 즉 스스로 해하느니라.
      마치 불선不善한 주술이나
      잘못 잡은 독사와 같음이라.

354. 세존께서
      이 법은 매우 깊고 미묘한 상相이어서
      둔근기는 미칠 바가 아니라는 것을 아셨기에
      이러한 까닭으로
      설하고자하지 않으셨느니라.

355. 그대는 내가 공空에 집착하고
내가 허물을 내었다고 일컫지만
그대가 지금 말하는 허물은
공空인 즉 있지 않느니라.

356. 공의空義가 있는 까닭에
일체법을 이룰 수 있느니라.
만약에 공의空義가 없다면
일체 또한 이룰 수 없느니라.

357. 그대가 지금 스스로 허물이 있는데
나를 향하여 돌리는구나.
마치 어떤 이가 말을 타고 있으면서
스스로 말을 탄 것을 잊은 것처럼.

358. 만약에 그대가 모든 법을 보고
     결정적인 성품이 있다고 한다면
     곧 모든 법이 인因이 없고
     또한 연緣도 없는 것을 보게 되느니라.

359. 곧 인과를 파하게 되고
     지음과 지은 자와 지은 법
     또한 다시 일체 만물의 생멸을
     무너뜨리게 되느니라.

360. 여러 가지 인연이 법을 생함을
     나는 무無라고 말하나니
     또한 이것은 가명이고
     또한 중도의 뜻이니라.

361. 일찍이 한 법도 인연因緣으로부터
　　　생하지 않는 것은 없었나니
　　　이러한 까닭으로
　　　일체 법은 공空이 아닌 것이 없느니라.

362. 만약에 일체가 공空이 아니라면
　　　생멸은 있지 않나니
　　　이와 같은 즉
　　　사성제의 법도 없느니라.

363. 만약에 연으로부터 생하지 않으면
　　　어찌 마땅히 고가 있다고 이르고
　　　무상無常은 고苦의 뜻이지만
　　　정定한 성품에 무상無常은 없느니라.

364. 만약에 고에 정한 성품이 있다면
     어떻게 집集으로부터 생한다고 하리오.
     이러한 까닭에 집集은 없나니
     공空의 뜻을 파한 까닭이니라.

365. 고苦가 만약에 정한 성품이 있다면
     응당히 멸은 없나니
     네가 정한 성품을 집착한 까닭으로
     곧 멸제를 파하느니라.

366. 고苦가 만약에 정한 성품이 있다면
     수도修道는 없느니라.
     만약에 도가 가히 닦고 익히는 것이라면
     정한 성품은 없느니라.

제
24
품
관
사
제
품

173

367. 만약에 고제苦諦가 있지 않고 및
집멸제集滅諦가 없으면
고를 가히 멸할 바인 도道에
필경 어찌 이를 바가 되리오.

368. 만약에 고苦가 정한 성품이 있다면
먼저 래來에서도 보지 못했는데
지금 어떻게 본다고 이르리오.
그 성품이 다르지 않은 까닭이라.

369. 마치 고苦를 보는 것이
그렇지 않는 것과 같이
집集을 끊음 및 멸滅을 증득함
도道를 닦음 및 사과四果도
또한 역시 모두 그렇지 않느니라.

370. 이 사도四道의 과果의 성품은
     먼저 와서 불가득이다.
     모든 법성이 만약에 정해져 있다면
     지금 어떻게 가히 얻는다고 말하리오.

371. 만약에 사과四果가 없다면
     곧 향向을 얻을 것도 없나니
     팔성八聖이 없는 까닭으로
     승보도 없느니라.

372. 사성제가 없는 까닭으로
     법보도 또한 없으며
     법보 승보가 없는데
     어찌 불보가 있다고 하리오.

373. 그대가 말한대로라면
    보리에 인하지 않고 부처가 있고
    또한 다시 부처를 인하지 않고
    보리가 있게 되는 것이리라.

374. 비록 다시 부지런히 정진하고
    보리도를 수행하더라도
    만약에 먼저 불성이 아니면
    응당히 성불을 얻을 수 없으리라.

375. 만약에 모든 법이 공하지 않다면
    죄와 복을 짓는 자도 없나니
    공하지 않은 것은
    그 성품이 정한 까닭으로 어찌 지었으리오.

376. 그대가 죄와 복 중에
    과보를 생하지 않는다하면
    이러한 즉 죄 복을 떠나서
    모든 과보가 있는 것이리라.

377. 만약에 죄와 복으로부터
    과보를 생한다고 이르면
    과果는 죄와 복으로부터 생하니
    어찌 불공不空을 말하리오.

378. 그대가 일체법의
    모든 인연과 공한 뜻을 파하면
    곧 세속의 모든 나머지 있는 바
    법을 파하는 것이 되느니라.

177

379. 만약에 공의 뜻을 파한 즉
응당히 지은 바가 없느니라.
지음이 없는데 지음이 있다하고
짓지 않았는데
지은 자라고 이름부르게 되느니라.

380. 만약에 결정決定한 성품이 있다면
세간의 가지가지 상은
곧 생도 없고 멸도 없으며
항상 머무르고 무너짐도 없게 되느니라.

381. 만약에 공空이 있지 않다면
아직 응당히 얻지 못한 것은 얻을 수 없고
또한 번뇌를 끊을 수 없고
또한 고苦가 다하는 일도 없게 되느니라.

178

382.　이러한 까닭으로 경經 중에서
　　　만약에 인연법을 본다면
　　　곧 능히 부처님을 보고
　　　고집멸도苦集滅道를 본다고
　　　설하시는 것이니라.

제 25 품

관열반품
觀涅槃品

제25품 **관열반품** 觀涅槃品

383. 만일 일체법이 공하여
무생無生 무멸無滅하는 자는
무엇이 끊어지고 무엇이 멸한 바로
열반이라고 칭하리오?

384. 만약에 모든 법이 공하지 않다면
곧 무생無生 무멸無滅이
무엇이 끊어지고 무엇이 멸한 바로
열반이라고 칭하리오?

385. 얻는 것도 없고 또한 이르는 것도 없고
끊을 것도 없고 또한 항상함도 없고
생도 없고 또한 멸도 없나니
이것을 이름하여 열반이라 설하느니라.

386. 열반은 있다고 이름할 수 없고
      있은 즉 노사老死의 상相이라.
      마침내 노사老死의 상相을 떠나서
      유법有法은 있지 않느니라.

387. 만약에 열반이 있다면
      열반은 곧 유위有爲라.
      마침내 한 법도 있지 않나니
      이것이 무위無爲이니라.

388. 만약에 열반이 있다면
      어찌 수受가 없다고 이름하리오.
      수受로부터가 없으니
      이름을 법이 있다고 하지 않느니라.

389. 유有가 오히려 열반이 아닌데
    어찌 하물며 무無이랴?
    열반은 유有에 있지 않은데
    어느 곳에 마땅히 무無가 있으리오.

390. 만약에 무無가 열반이라면
    어찌 불수不受라고 이름하리오.
    일찍이 불수不受인 적이 없었기에
    이름하여 무법無法이 되느니라.

391. 여러 인연을 받는 까닭으로
    생사를 윤회 하는 중에
    모든 인연을 받지 않는 것을
    이것을 이름하여 열반이라고 하느니라.

392. 불경 중에 설하신 것과 같이
유有가 끊어지고 비유非有도 끊어진다.
이러한 까닭으로 열반은
유도 아니고 또한 무도 아님을
알아야 하느니라.

393. 만약에 유무가 합하여
열반이 된다고 말하는 것은
유무가 곧 해탈이니
이 일은 맞지 않느니라.

394. 만약에 유무를 합하여
열반이라고 이른다면
열반은 받음이 있지 않고
이 둘은 받음으로부터 생하느니라.

395. 유무가 함께 합하여 이루어지면
어찌 열반이라고 이름하며
열반涅槃은 이름이 무위無爲라
유무有無는 유위有爲이니라.

396. 유무 2가지 일이 함께하면
어찌 열반이라 하리오.
이 둘은 같은 곳에 없으니
마치 명과 암이 함께가
아닌 것과 같으니라.

397. 만약에 비유非有 비무非無를
이름하여 열반이라고 하면
이 비유, 비무를
무엇으로서 분별하리오.

398. 비유무非有無를 분별하여
    이와 같은 것을 열반이라 부른다면
    만약에 유무有無를 이루는 자는
    비유, 비무를 이루리라.

399. 여래께서 멸도하신 후
    유와 더불어 무를 말씀하시지 않느니라.
    또한 유무有無 비유非有 및 비무非無를
    말씀하시지 않느니라.

400. 여래께서 현재시에
    유와 더불어 무를 말씀하시지 않느니라.
    또한 유무有無 비유非有 및 비무非無를
    말씀하시지 않느니라.

401. 열반과 더불어 세간이
    조금의 분별도 있지 않나니
    세간과 더불어 열반 또한
    조금의 분별도 없느니라.

402. 열반의 실제와
    더불어 세간의 실제
    이와 같은 2제는
    호리毫釐의 차별도 없느니라.

403. 멸한 후의 유무有無 등
    유변有邊 등 상常 등의
    모든 견해는
    열반과 미래세, 과거세에 의지해 있느니라.

404. 일체 법이 공한 까닭으로
　　　무엇이 유변有邊이고 무변無邊이며
　　　또한 변邊이고 또한 무변無邊이며
　　　비유非有고 비무변非無邊이겠는가?

405. 무엇이 하나이거나 다르고 ,
　　　무엇이 항상 하거나 무상이고
　　　또한 항상 이거나 또한 무상이고
　　　항상하지 않고 무상도 아니겠는가?

406. 모든 법은 가히 얻을 수 없고
　　　일체 희론이 멸하여
　　　사람도 없고 또한 처소도 없고
　　　부처 또한 말한 바가 없나니라.

제 26 품

관십이인연품
觀十二因緣品

제26품 **관십이인연품** 觀十二因緣品

407. 중생들이 어리석음에 덮인 바로
   후에 삼행을 일으키게 되어
   이러한 행을 일으킨 까닭으로
   행을 따라 육취에 떨어지느니라.

408. 모든 행의 인연으로
   식識이 육도의 몸을 받고
   식識이 집착이 있는 까닭으로
   명색名色을 증장시키느니라.

409. 명색名色이 증장한 까닭으로 인하여
   6입入을 생하고
   정情·진塵·식識이 화합하여
   육촉六觸을 생하느니라.

410. 육촉으로 인한 까닭으로
　　　곧 삼수三受를 생하고
　　　삼수三受를 인한 까닭으로
　　　갈애를 생하느니라.

411. 애로 인하여 사취四取가 있고
　　　취取로 인한 까닭으로 유有가 있고
　　　만약에 취取하는 자가 취하지 않는다면
　　　곧 해탈하여 있지 않느니라.

412. 유로부터 생이 있고
　　　생으로부터 노사가 있고
　　　노사가 있는 까닭으로
　　　근심과 슬픔 등 모든 고뇌가 있느니라.

413. 이와 같은 등의 모든 일이
     모두 생으로부터 있느니라.
     다만 인연으로서
     큰 고苦의 음陰이 모인 것일 뿐이니라.

414. 이것이 생사가 되고
     모든 행의 근본이라 이르며
     밝지 못한 이들이 짓는 바이고
     지혜로운 자는 함이 없는 바이니라.

415. 이러한 일이 멸한 까닭으로
     이 일은 곧 생하지 않고
     다만 고의 음陰이 모여서
     이와 같이 바로 멸하느니라.

제 27 품

관사견품
觀邪見品

제27품 **관사견품** 觀邪見品

416. 내가 과거세에
     있었든지 없었든지
     세간이 항상 하다는 등의 견해는
     모두 과거세에 의존한 것이니라.

417. 내가 미래세에
     지었든지 짓지 않았든지
     끝이 있다는 등의 모든 견해는
     모두 미래세에 의존한 것이니라.

418. 과거세에 내가 있다는 것
     이 일은 가히 얻을 수 없고,
     과거세 중의 나는
     금세의 나를 짓지 않느니라.

419. 만약에 내가 곧 이것이라고 이르지만
　　　몸은 다른 상이 있고
　　　만약에 마땅히 몸을 떠나서
　　　어느 곳에 달리 내가 있으리오.

420. 몸을 떠나서 내가 있지 않다는
　　　이 일은 이미 성립되었나니
　　　만약에 몸이 곧 나라고 말한다면
　　　도무지 나는 있지 않느니라.

421. 다만 몸은 내我가 되지 않을 뿐 아니라
　　　몸의 상은 생멸인 까닭으로
　　　어찌 마땅히 수受로서
　　　받는 자를 지으리오.

422. 만약에 몸을 떠나서 내我가 있다면
　　　이 일은 맞지 않나니
　　　수受 없이 내我가 있다면
　　　실로 가히 얻을 수 없느니라.

423. 지금에 나는 수受를 떠나지 않고
　　　또한 곧 수受도 아니다.
　　　수受가 없는 것도 아니고 무無도 아니다.
　　　이는 곧 결정적인 뜻이니라.

424. 과거의 내我가 짓지 않았다는
　　　이 일인 즉 맞지 않느니라.
　　　과거세 중의 나我는
　　　지금과 다르다는 것 또한 맞지 않느니라.

425. 만약에 다름이 있다고 이른다면
　　　저것을 떠나서 응당히 지금에 있나니
　　　내가 과거세에 머물러 있고
　　　지금의 나는 스스로 생한 것이 되느니라.

426. 이와 같은 즉 단멸되어
　　　업과보業果報를 잃고
　　　저를 짓고 이를 받고
　　　이와 같은 등의 허물이 있느니라.

427. 먼저는 없는데 지금 있다는
　　　이 말 중에도 또한 허물이 있나니
　　　내가 곧 법을 짓기도 하고
　　　또한 인이 없게도 되느니라.

428. 마치 과거세 중에
     내가 있다, 내가 없다는 견해처럼
     만약에 함께 한다거나
     함께가 아니라거나
     이 일은 모두 맞지 않느니라.

429. 내가 미래세에
     만들거나 만들지 않거나
     이와 같은 견해는
     모두 과거세와 동일하니라.

430. 만약에 천신이 곧 사람이라면
     상변常邊에 떨어지나니
     천신이라면 생이 없는데
     항상한 법은 생이 없는 까닭이니라.

431. 만약에 천신이 사람과 다르다면
　　　이는 곧 즉 무상無常이 되고
　　　만약에 천과 사람이 다르다면
　　　이는 곧 상속은 없느니라.

432. 만약에 반은 천신이고 반은 사람이라면
　　　곧 이변二邊에 떨어지나니
　　　상常 및 무상無常에
　　　이 일은 맞지 않느니라.

433. 만약에 상常 및 무상無常
　　　이 둘이 함께 이루어진다는 것은
　　　이와 같은즉 응당히 상常이 아니며
　　　무상無常도 아닌 것이 이루어지리라.

434. 법이 만약에 정定하여 옴이 있고
　　 및 정하여 감이 있는 것이라면
　　 생사生死는 곧 시작이 없게 되겠지만
　　 실제로 이러한 일은 없느니라.

435. 이제 만약에 유상有常이 없으면
　　 어찌 무상無常이나
　　 또는 상常이거나 또는 무상無常이거나
　　 비상非常이거나 비무상非無常이거나가
　　 있다고 하겠는가.

436. 만약에 세간에 끝이 있다면
　　 어떻게 후세가 있다고 하리오.
　　 만약에 세간에 끝이 없다면
　　 어떻게 후세가 있다고 하리오.

437. 오음이 항상 상속함이
마치 등불과 같고
이와 같은 까닭에
세간이 변邊과 무변無邊이 응당히 없느니라.

438. 만약에 먼저 오음이 무너지고
이 오음으로 인하지 않고
다시 후에 오음을 생하는 것이라면
세간은 끝이 있느니라.

439. 만약에 먼저 오음을 파괴하지 않고
또한 이 음으로 인하지 않고
후에 오음을 생하면
세간인 즉 끝이 없느니라.

440. 진법眞法과 설하는 자, 듣는 자가
　　　얻기 어려운 까닭이라.
　　　이와 같은 즉
　　　생사生死는 끝이 있는 것도 아니고
　　　끝이 없는 것도 아님이라.

441. 만약에 세간이 반은 끝이 있고
　　　세간이 반은 끝이 없다면
　　　이는 곧 또한 끝이 있고
　　　또한 끝이 없는 것은 그러하지 않다.

442. 저 오음을 받는 자가
　　　어찌 일분一分을 파하고
　　　일분은 파하지 않으리오.
　　　이러한 일은 맞지 않느니라.

443. 받는 것 또한 다시 이와 같아서
　　　어찌 일분一分은 파하고
　　　일분一分은 파하지 않는다고 말하리오.
　　　이러한 일은 또한 맞지 않느니라.

444. 만약에 또한 유무의 변邊이
　　　이 둘이 이룰 수 있다면
　　　유변도 아니고 무변도 아니니
　　　이 일은 또한 응당히 이루어지니라.

445. 일체 법이 공한 까닭으로
　　　세간이 항상 하다는 등의 견해를
　　　어느 때에 어느 곳에
　　　누가 이 모든 견해를 일으키리오.

446. 구담 대성왕께서
　　　연민憐愍히 여기시어 이 법을 설하시어
　　　일체 견해를 다 끊어주시니
　　　내가 지금 머리 숙여 예하노라.

中論 終

원 문
原 文

龍樹菩薩 造
姚秦三藏鳩摩羅什 譯

中論觀因緣品第一 〈十六偈〉

1. 不生亦不滅　不常亦不斷　不一亦不異　不來亦不出

2. 能說是因緣　善滅諸戲論　我稽首禮佛　諸說中第一

3. 諸法不自生　亦不從他生　不共不無因　是故知無生

4. 如諸法自性　不在於緣中　以無自性故　他性亦復無

5. 因緣次第緣　緣緣增上緣　四緣生諸法　更無第五緣

6. 果爲從緣生　爲從非緣生　是緣爲有果　是緣爲無果

7. 因是法生果　是法名爲緣　若是果未生　何不名非緣

8. 果先於緣中　有無俱不可　先無爲誰緣　先有何用緣

9. 若果非有生　亦復非無生　亦非有無生　何得言有緣

10. 果若未生時　則不應有滅　滅法何能緣　故無次第緣

11. 如諸佛所說　眞實微妙法　於此無緣法　云何有緣緣

12. 諸法無自性　故無有有相　說有是事故　是事有不然

13. 略廣因緣中　求果不可得　因緣中若無　云何從緣出

14. 若謂緣無果　而從緣中出　是果何不從　非緣中而出

15. 若果從緣生　是緣無自性　從無自性生　何得從緣生

16. 果不從緣生　不從非緣生　以果無有故　緣非緣亦無

中論觀去來品第二 〈二十五偈〉

17. 已去無有去　未去亦無去　離已去未去　去時亦無去

18. 動處則有去　此中有去時　非已去未去　是故去時去

19. 云何於去時　而當有去法　若離於去法　去時不可得

20. 若言去時去　是人則有咎　離去有去時　去時獨去故

21. 若去時有去　則有二種去　一謂爲去時　二謂去時去

22. 若有二去法　則有二去者　以離於去者　去法不可得

23. 若離於去者　去法不可得　以無去法故　何得有去者

24. 去者則不去　不去者不去　離去不去者　無第三去者

25. 若言去者去　云何有此義　若離於去法　去者不可得

26. 若去者有去　則有二種去　一謂去者去　二謂去法去

27. 若謂去者去　是人則有咎　離去有去者　說去者有去

28. 已去中無發　未去中無發　去時中無發　何處當有發

29. 未發無去時　亦無有已去　是二應有發　未去何有發

30. 無去無未去　亦復無去時　一切無有發　何故而分別

31. 去者則不住　不去者不住　離去不去者　何有第三住

32. 去者若當住　云何有此義　若當離於去　去者不可得

33. 去未去無住　去時亦無住　所有行止法　皆同於去義

34. 去法卽去者　是事則不然　去法異去者　是事亦不然

35. 若謂於去法　卽爲是去者　作者及作業　是事則爲一

36. 若謂於去法　有異於去者　離去者有去　離去有去者

37. 去去者是二　若一異法成　二門俱不成　云何當有成

38. 因去知去者　不能用是去　先無有去法　故無去者去

39. 因去知去者　不能用異去　於一去者中　不得二去故

40. 決定有去者　不能用三去　不決定去者　亦不用三去

41. 去法定不定　去者不用三　是故去去者　所去處皆無

中論觀六情品第三 〈八偈〉

42. 眼耳及鼻舌　身意等六情　此眼等六情　行色等六塵

43. 是眼則不能　自見其己體　若不能自見　云何見餘物

44. 火喻則不能　成於眼見法　去未去去時　已總答是事

45. 見若未見時　則不名爲見　而言見能見　是事則不然

46. 見不能有見　非見亦不見　若已破於見　則爲破見者

47. 離見不離見　見者不可得　以無見者故　何有見可見

48. 見可見無故　識等四法無　四取等諸緣　云何當得有

49. 耳鼻舌身意　聲及聞者等　當知如是義　皆同於上說

中論觀五陰品第四 〈九偈〉

50. 若離於色因　色則不可得　若當離於色　色因不可得

51. 離色因有色　是色則無因　無因而有法　是事則不然

52. 若離色有因　則是無果因　若言無果因　則無有是處

53. 若已有色者　則不用色因　若無有色者　亦不用色因

54. 無因而有色　是事終不然　是故有智者　不應分別色

55. 若果似於因　是事則不然　果若不似因　是事亦不然

56. 受陰及想陰　行陰識陰等　其餘一切法　皆同於色陰

57. 若人有問者　離空而欲答　是則不成答　俱同於彼疑

58. 若人有難問　離空說其過　是不成難問　俱同於彼疑

3·4章

中論觀六種品第五 〈八偈〉

59. 空相未有時　則無虛空法　若先有虛空　即爲是無相
60. 是無相之法　一切處無有　於無相法中　相則無所相
61. 有相無相中　相則無所住　離有相無相　餘處亦不住
62. 相法無有故　可相法亦無　可相法無故　相法亦復無
63. 是故今無相　亦無有可相　離相可相已　更亦無有物
64. 若使無有有　云何當有無　有無旣已無　知有無者誰
65. 是故知虛空　非有亦非無　非相非可相　餘五同虛空
66. 淺智見諸法　若有若無相　是則不能見　滅見安隱法

中論觀染染者品第六〈十偈〉

67. 若離於染法　先自有染者　因是染欲者　應生於染法

68. 若無有染者　云何當有染　若有若無染　染者亦如是

69. 染者及染法　俱成則不然　染者染法俱　則無有相待

70. 染者染法一　一法云何合　染者染法異　異法云何合

71. 若一有合者　離伴應有合　若異有合者　離伴亦應合

72. 若異而有合　染染者何事　是二相先異　然後說合相

73. 若染及染者　先各成異相　既已成異相　云何而言合

74. 異相無有成　是故汝欲合　合相竟無成　而復說異相

75. 異相不成故　合相則不成　於何異相中　而欲說合相

76. 如是染染者　非合不合成　諸法亦如是　非合不合成

觀三相品第七 〈三十五偈〉

77. 若生是有爲　　則應有三相　　若生是無爲　　何名有爲相

78. 三相若聚散　　不能有所相　　云何於一處　　一時有三相

79. 若謂生住滅　　更有有爲相　　是卽爲無窮　　無卽非有爲

80. 生生之所生　　生於彼本生　　本生之所生　　還生於生生

81. 若謂是生生　　能生於本生　　生生從本生　　何能生本生

82. 若謂是本生　　能生於生生　　本生從彼生　　何能生生生

83. 若生生生時　　能生於本生　　生生尙未有　　何能生本生

84. 若本生生時　　能生於生生　　本生尙未有　　何能生生生

85. 如燈能自照　　亦能照於彼　　生法亦如是　　自生亦生彼

86. 燈中自無闇　　住處亦無闇　　破闇乃名照　　無闇則無照

87. 云何燈生時　　而能破於闇　　此燈初生時　　不能及於闇

88. 燈若未及闇　　而能破闇者　　燈在於此閒　　則破一切闇

218

89. 若燈能自照　亦能照於彼　闇亦應自闇　亦能闇於彼

90. 此生若未生　云何能自生　若生已自生　生已何用生

91. 生非生已生　亦非未生生　生時亦不生　去來中已答

92. 若謂生時生　是事已不成　云何衆緣合　爾時而得生

93. 若法衆緣生　卽是寂滅性　是故生生時　是二俱寂滅

94. 若有未生法　說言有生者　此法先已有　更復何用生

95. 若言生時生　是能有所生　何得更有生　而能生是生

96. 若謂更有生　生生則無窮　離生生有生　法皆能自生

97. 有法不應生　無亦不應生　有無亦不生　此義先已說

98. 若諸法滅時　是時不應生　法若不滅者　終無有是事

99. 不住法不住　住法亦不住　住時亦不住　無生云何住

100. 若諸法滅時　是則不應住　法若不滅者　終無有是事

제7장

101. 所有一切法　皆是老死相　終不見有法　離老死有住

102. 住不自相住　亦不異相住　如生不自生　亦不異相生

103. 法已滅不滅　未滅亦不滅　滅時亦不滅　無生何有滅

104. 法若有住者　是則不應滅　法若不住者　是亦不應滅

105. 是法於是時　不於是時滅　是法於異時　不於異時滅

106. 如一切諸法　生相不可得　以無生相故　即亦無滅相

107. 若法是有者　是即無有滅　不應於一法　而有有無相

108. 若法是無者　是即無有滅　譬如第二頭　無故不可斷

109. 法不自相滅　他相亦不滅　如自相不生　他相亦不生

110. 生住滅不成　故無有有爲　有爲法無故　何得有無爲

111. 如幻亦如夢　如乾闥婆城　所說生住滅　其相亦如是

中論觀作作者品第八 〈十二偈〉

112. 決定有作者　不作決定業　決定無作者　不作無定業

113. 決定業無作　是業無作者　定作者無作　作者亦無業

114. 若定有作者　亦定有作業　作者及作業　卽墮於無因

115. 若墮於無因　則無因無果　無作無作者　無所用作法

116. 若無作等法　則無有罪福　罪福等無故　罪福報亦無

117. 若無罪福報　亦無有涅槃　諸可有所作　皆空無有果

118. 作者定不定　不能作二業　有無相違故　一處則無二

119. 有不能作無　無不能作有　若有作作者　其過如先說

120. 作者不作定　亦不作不定　及定不定業　其過如先說

121. 作者定不定　亦定亦不定　不能作於業　其過如先說

122. 因業有作者　因作者有業　成業義如是　更無有餘事

123. 如破作作者　受受者亦爾　及一切諸法　亦應如是破

제8품

中論觀本住品第九 〈十二偈〉

124. 眼耳等諸根　苦樂等諸法　誰有如是事　是則名本住

125. 若無有本住　誰有眼等法　以是故當知　先已有本住

126. 若離眼等根　及苦樂等法　先有本住者　以何而可知

127. 若離眼耳等　而有本住者　亦應離本住　而有眼耳等

128. 以法知有人　以人知有法　離法何有人　離人何有法

129. 一切眼等根　實無有本住　眼耳等諸根　異相而分別

130. 若眼等諸根　無有本住者　眼等一一根　云何能知塵

131. 見者即聞者　聞者即受者　如是等諸根　則應有本住

132. 若見聞各異　受者亦各異　見時亦應聞　如是則神多

133. 眼耳等諸根　苦樂等諸法　所從生諸大　彼大亦無神

134. 若眼耳等根　苦樂等諸法　無有本住者　眼等亦應無

135. 眼等無本住　今後亦復無　以三世無故　無有無分別

中論觀燃可燃品第十 〈十六偈〉

136. 若燃是可燃　作作者則一　若燃異可燃　離可燃有燃

137. 如是常應燃　不因可燃生　則無燃火功　亦名無作火

138. 燃不待可燃　則不從緣生　火若常燃者　人功則應空

139. 若汝謂燃時　名爲可燃者　爾時但有薪　何物燃可燃

140. 若異則不至　不至則不燒　不燒則不滅　不滅則常住

141. 燃與可燃異　而能至可燃　如此至彼人　彼人至此人

142. 若謂燃可燃　二俱相離者　如是燃則能　至於彼可燃

143. 若因可燃燃　因燃有可燃　先定有何法　而有燃可燃

144. 若因可燃燃　則燃成復成　是爲可燃中　則爲無有燃

145. 若法因待成　是法還成待　今則無因待　亦無所成法

146. 若法有待成　未成云何待　若成已有待　成已何用待

147. 因可燃無燃　不因亦無燃　因燃無可燃　不因無可燃

223

148. 燃不餘處來　燃處亦無燃　可燃亦如是　餘如去來說

149. 可燃即非燃　離可燃無燃　燃無有可燃　燃中無可燃
　　　可燃中無燃

150. 以燃可燃法　說受受者法　及以說瓶衣　一切等諸法

151. 若人說有我　諸法各異相　當知如是人　不得佛法味

中論觀本際品第十一 〈八偈〉

152. 大聖之所說　本際不可得　生死無有始　亦復無有終

153. 若無有始終　中當云何有　是故於此中　先後共亦無

154. 若使先有生　後有老死者　不老死有生　不生有老死

155. 若先有老死　而後有生者　是則爲無因　不生有老死

156. 生及於老死　不得一時共　生時則有死　是二俱無因

157. 若使初後共　是皆不然者　何故而戲論　謂有生老死

158. 諸所有因果　相及可相法　受及受者等　所有一切法

159. 非但於生死　本際不可得　如是一切法　本際皆亦無

225

中論觀苦品第十二 〈十偈〉

160. 自作及他作　共作無因作　如是說諸苦　於果則不然

161. 苦若自作者　則不從緣生　因有此陰故　而有彼陰生

162. 若謂此五陰　異彼五陰者　如是則應言　從他而作苦

163. 若人自作苦　離苦何有人　而謂於彼人　而能自作苦

164. 若苦他人作　而與此人者　若當離於苦　何有此人受

165. 苦若彼人作　持與此人者　離苦何有人　而能授於此

166. 自作若不成　云何彼作苦　若彼人作苦　即亦名自作

167. 苦不名自作　法不自作法　彼無有自體　何有彼作苦

168. 若此彼苦成　應有共作苦　此彼尚無作　何況無因作

169. 非但說於苦　四種義不成　一切外萬物　四義亦不成

226

中論觀行品第十三 〈九偈〉

170. 如佛經所說　虛誑妄取相　諸行妄取故　是名爲虛誑

171. 虛誑妄取者　是中何所取　佛說如是事　欲以示空義

172. 諸法有異故　知皆是無性　無性法亦無　一切法空故

173. 諸法若無性　云何說嬰兒　乃至於老年　而有種種異

174. 若諸法有性　云何而得異　若諸法無性　云何而有異

175. 是法則無異　異法亦無異　如壯不作老　老亦不作壯

176. 若是法卽異　乳應卽是酪　離乳有何法　而能作於酪

177. 若有不空法　則應有空法　實無不空法　何得有空法

178. 大聖說空法　爲離諸見故　若復見有空　諸佛所不化

中論觀合品第十四 〈八偈〉

179. 見可見見者　是三各異方　如是三法異　終無有合時

180. 染與於可染　染者亦復然　餘入餘煩惱　皆亦復如是

181. 異法當有合　見等無有異　異相不成故　見等云何合

182. 非但見等法　異相不可得　所有一切法　皆亦無異相

183. 異因異有異　異離異無異　若法從因出　是法不異因

184. 若離從異異　應餘異有異　離從異無異　是故無有異

185. 異中無異相　不異中亦無　無有異相故　則無此彼異

186. 是法不自合　異法亦不合　合者及合時　合法亦皆無

觀有無品第十五 〈十一偈〉

187. 衆緣中有性　是事則不然　性從衆緣出　卽名爲作法

188. 性若是作者　云何有此義　性名爲無作　不待異法成

189. 法若無自性　云何有他性　自性於他性　亦名爲他性

190. 離自性他性　何得更有法　若有自他性　諸法則得成

191. 有若不成者　無云何可成　因有有法故　有壞名爲無

192. 若人見有無　見自性他性　如是則不見　佛法眞實義

193. 佛能滅有無　如化迦旃延　經中之所說　離有亦離無

194. 若法實有性　後則不應異　性若有異相　是事終不然

195. 若法實有性　云何而可異　若法實無性　云何而可異

196. 定有則著常　定無則著斷　是故有智者　不應著有無

197. 若法有定性　非無則是常　先有而今無　是則爲斷滅

229

中論觀縛解品第十六 〈十偈〉

198. 諸行往來者　常不應往來　無常亦不應　衆生亦復然

199. 若衆生往來　陰界諸入中　五種求盡無　誰有往來者

200. 若從身至身　往來卽無身　若其無有身　則無有往來

201. 諸行若滅者　是事終不然　衆生若滅者　是事亦不然

202. 諸行生滅相　不縛亦不解　衆生如先說　不縛亦不解

203. 若身名爲縛　有身則不縛　無身亦不縛　於何而有縛

204. 若可縛先縛　則應縛可縛　而先實無縛　餘如去來答

205. 縛者無有解　無縛亦無解　縛時有解者　縛解則一時

206. 若不受諸法　我當得涅槃　若人如是者　還爲受所縛

207. 不離於生死　而別有涅槃　實相義如是　云何有分別

中論觀業品第十七 <三十三偈>

208. 人能降伏心　利益於眾生　是名爲慈善　二世果報種

209. 大聖說二業　思與從思生　是業別相中　種種分別說

210. 佛所說思者　所謂意業是　所從思生者　即是身口業

211. 身業及口業　作與無作業　如是四事中　亦善亦不善

212. 從用生福德　罪生亦如是　及思爲七法　能了諸業相

213. 業住至受報　是業即爲常　若滅即無業　云何生果報

214. 如芽等相續　皆從種子生　從是而生果　離種無相續

215. 從種有相續　從相續有果　先種後有果　不斷亦不常

216. 如是從初心　心法相續生　從是而有果　離心無相續

217. 從心有相續　從相續有果　先業後有果　不斷亦不常

218. 能成福德者　是十白業道　二世五欲樂　即是白業報

219. 若如汝分別　其過則甚多　是故汝所說　於義則不然

231

220. 今當復更說　順業果報義　諸佛辟支佛　賢聖所稱歎

221. 不失法如券　業如負財物　此性則無記　分別有四種

222. 見諦所不斷　但思惟所斷　以是不失法　諸業有果報

223. 若見諦所斷　而業至相似　則得破業等　如是之過咎

224. 一切諸行業　相似不相似　一界初受身　爾時報獨生

225. 如是二種業　現世受果報　或言受報已　而業猶故在

226. 若度果已滅　若死已而滅　於是中分別　有漏及無漏

227. 雖空亦不斷　雖有亦不常　業果報不失　是名佛所說

228. 諸業本不生　以無定性故　諸業亦不滅　以其不生故

229. 若業有性者　是則名爲常　不作亦名業　常則不可作

230. 若有不作業　不作而有罪　不斷於梵行　而有不淨過

231. 是則破一切　世間語言法　作罪及作福　亦無有差別

232. 若言業決定　而自有性者　受於果報已　而應更復受

233. 若諸世閒業　從於煩惱生　是煩惱非實　業當何有實

234. 諸煩惱及業　是說身因緣　煩惱諸業空　何況於諸身

235. 無明之所蔽　愛結之所縛　而於本作者　不卽亦不異

236. 業不從緣生　不從非緣生　是故則無有　能起於業者

237. 無業無作者　何有業生果　若其無有果　何有受果者

238. 如世尊神通　所作變化人　如是變化人　復變作化人

239. 如初變化人　是名爲作者　變化人所作　是則名爲業

240. 諸煩惱及業　作者及果報　皆如幻與夢　如炎亦如嚮

中論觀法品第十八 〈十二偈〉

241. 若我是五陰　我卽爲生滅　若我異五陰　則非五陰相

242. 若無有我者　何得有我所　滅我我所故　名得無我智

243. 得無我智者　是則名實觀　得無我智者　是人爲希有

244. 內外我我所　盡滅無有故　諸受卽爲滅　受滅則身滅

245. 業煩惱滅故　名之爲解脫　業煩惱非實　入空戲論滅

246. 諸佛或說我　或說於無我　諸法實相中　無我無非我

247. 諸法實相者　心行言語斷　無生亦無滅　寂滅如涅槃

248. 一切實非實　亦實亦非實　非實非非實　是名諸佛法

249. 自知不隨他　寂滅無戲論　無異無分別　是則名實相

250. 若法從緣生　不卽不異因　是故名實相　不斷亦不常

251. 不一亦不異　不常亦不斷　是名諸世尊　敎化甘露味

252. 若佛不出世　佛法已滅盡　諸辟支佛智　從於遠離生

中論觀時品第十九 〈六偈〉

253. 若因過去時　有未來現在　未來及現在　應在過去時

254. 若過去時中　無未來現在　未來現在時　云何因過去

255. 不因過去時　則無未來時　亦無現在時　是故無二時

256. 以如是義故　則知餘二時　上中下一異　是等法皆無

257. 時住不可得　時去亦叵得　時若不可得　云何說時相

258. 因物故有時　離物何有時　物尚無所有　何況當有時

中論觀因果品第二十 〈二十四偈〉

259. 若衆緣和合　而有果生者　和合中已有　何須和合生

260. 若衆緣和合　是中無果者　云何從衆緣　和合而果生

261. 若衆緣和合　是中有果者　和合中應有　而實不可得

262. 若衆緣和合　是中無果者　是則衆因緣　與非因緣同

263. 若因與果因　作因已而滅　是因有二體　一與一則滅

264. 若因不與果　作因已而滅　因滅而果生　是果則無因

265. 若衆緣合時　而有果生者　生者及可生　則爲一時俱

266. 若先有果生　而後衆緣合　此卽離因緣　名爲無因果

267. 若因變爲果　因卽至於果　是則前生因　生已而復生

268. 云何因滅失　而能生於果　又若因在果　云何因生果

269. 若因遍有果　更生何等果　因見不見果　是二俱不生

270. 若言過去因　而於過去果　未來現在果　是則終不合

271. 若言未來因　而於未來果　現在過去果　是則終不合

272. 若言現在因　而於現在果　未來過去果　是則終不合

273. 若不和合者　因何能生果　若有和合者　因何能生果

274. 若因空無果　因何能生果　若因不空果　因何能生果

275. 果不空不生　果不空不滅　以果不空故　不生亦不滅

276. 果空故不生　果空故不滅　以果是空故　不生亦不滅

277. 因果是一者　是事終不然　因果若異者　是事亦不然

278. 若因果是一　生及所生一　若因果是異　因則同非因

279. 若果定有性　因爲何所生　若果定無性　因爲何所生

280. 因不生果者　則無有因相　若無有因相　誰能有是果

281. 若從衆因緣　而有和合生　和合自不生　云何能生果

282. 是故果不從　緣合不合生　若無有果者　何處有合法

中論觀成壞品第二十一 〈二十偈〉

283. 離成及共成　是中無有壞　離壞及共壞　是中亦無成

284. 若離於成者　云何而有壞　如離生有死　是事則不然

285. 成壞共有者　云何有成壞　如世閒生死　一時俱不然

286. 若離於壞者　云何當有成　無常未曾有　不在諸法時

287. 成壞共無成　離亦無有成　是二俱不可　云何當有成

288. 盡則無有成　不盡亦無成　盡則無有壞　不盡亦不壞

289. 若離於成壞　是亦無有法　若當離於法　亦無有成壞

290. 若法性空者　誰當有成壞　若性不空者　亦無有成壞

291. 成壞若一者　是事則不然　成壞若異者　是事亦不然

292. 若謂以眼見　而有生滅者　則爲是癡妄　而見有生滅

293. 從法不生法　亦不生非法　從非法不生　法及於非法

294. 法不從自生　亦不從他生　不從自他生　云何而有生

295. 若有所受法　卽墮於斷常　當知所受法　爲常爲無常

296. 所有受法者　不墮於斷常　因果相續故　不斷亦不常

297. 若因果生滅　相續而不斷　滅更不生故　因卽爲斷滅

298. 法住於自性　不應有有無　涅槃滅相續　則墮於斷滅

299. 若初有滅者　則無有後有　初有若不滅　亦無有後有

300. 若初有滅時　而後有生者　滅時是一有　生時是一有

301. 若言於生滅　而謂一時者　則於此陰死　卽於此陰生

302. 三世中求有　相續不可得　若三世中無　何有有相續

觀如來品第二十二 〈十六偈〉

303. 非陰不離陰　此彼不相在　如來不有陰　何處有如來

304. 陰合有如來　則無有自性　若無有自性　云何因他有

305. 法若因他生　是即爲非我　若法非我者　云何是如來

306. 若無有自性　云何有他性　離自性他性　何名爲如來

307. 若不因五陰　先有如來者　以今受陰故　則說爲如來

308. 今實不受陰　更無如來法　若以不受無　今當云何受

309. 若其未有受　所受不名受　無有無受法　而名爲如來

310. 若於一異中　如來不可得　五種求亦無　云何受中有

311. 又所受五陰　不從自性有　若無自性者　云何有他性

312. 以如是義故　受空受者空　云何當以空　而說空如來

313. 空則不可說　非空不可說　共不共叵說　但以假名說

314. 寂滅相中無　常無常等四　寂滅相中無　邊無邊等四

315. 邪見深厚者　則說無如來　如來寂滅相　分別有亦非

316. 如是性空中　思惟亦不可　如來滅度後　分別於有無

317. 如來過戲論　而人生戲論　戲論破慧眼　是皆不見佛

318. 如來所有性　卽是世閒性　如來無有性　世閒亦無性

中論觀顛倒品第二十三 〈二十四偈〉

319. 從憶想分別　生於貪恚癡　淨不淨顛倒　皆從衆緣生

320. 若因淨不淨　顛倒生三毒　三毒卽無性　故煩惱無實

321. 我法有以無　是事終不成　無我諸煩惱　有無亦不成

322. 誰有此煩惱　是卽爲不成　若離是而有　煩惱則無屬

323. 如身見五種　求之不可得　煩惱於垢心　五求亦不得

324. 淨不淨顛倒　是則無自性　云何因此二　而生諸煩惱

325. 色聲香味觸　及法爲六種　如是之六種　是三毒根本

326. 色聲香味觸　及法體六種　皆空如炎夢　如乾闥婆城

327. 如是六種中　何有淨不淨　猶如幻化人　亦如鏡中像

328. 不因於淨相　則無有不淨　因淨有不淨　是故無不淨

329. 不因於不淨　則亦無有淨　因不淨有淨　是故無有淨

330. 若無有淨者　何由而有貪　若無有不淨　何由而有恚

331. 於無常著常　是則名顛倒　空中無有常　何處有常倒

332. 若於無常中　著無常非倒　空中無無常　何有非顛倒

333. 可著著者著　及所用著法　是皆寂滅相　云何而有著

334. 若無有著法　言邪是顛倒　言正不顛倒　誰有如是事

335. 有倒不生倒　無倒不生倒　倒者不生倒　不倒亦不生

336. 若於顛倒時　亦不生顛倒　汝可自觀察　誰生於顛倒

337. 諸顛倒不生　云何有此義　無有顛倒故　何有顛倒者

338. 若常我樂淨　而是實有者　是常我樂淨　則非是顛倒

339. 若常我樂淨　而實無有　者無常苦不淨　是則亦應無

340. 如是顛倒滅　無明則亦滅　以無明滅故　諸行等亦滅

341. 若煩惱性實　而有所屬者　云何當可斷　誰能斷其性

342. 若煩惱虛妄　無性無屬者　云何當可斷　誰能斷無性

中論觀四諦品第二十四 〈四十偈〉

343. 若一切皆空　無生亦無滅　如是則無有　四聖諦之法

344. 以無四諦故　見苦與斷集　證滅及修道　如是事皆無

345. 以是事無故　則無四道果　無有四果故　得向者亦無

346. 若無八賢聖　則無有僧寶　以無四諦故　亦無有法寶

347. 以無法僧寶　亦無有佛寶　如是說空者　是則破三寶

348. 空法壞因果　亦壞於罪福　亦復悉毀壞　一切世俗法

349. 汝今實不能　知空空因緣　及知於空義　是故自生惱

350. 諸佛依二諦　爲衆生說法　一以世俗諦　二第一義諦

351. 若人不能知　分別於二諦　則於深佛法　不知眞實義

352. 若不依俗諦　不得第一義　不得第一義　則不得涅槃

353. 不能正觀空　鈍根則自害　如不善呪術　不善捉毒蛇

354. 世尊知是法　甚深微妙相　非鈍根所及　是故不欲說

355. 汝謂我著空　而爲我生過　汝今所說過　於空則無有

356. 以有空義故　一切法得成　若無空義者　一切則不成

357. 汝今自有過　而以迴向我　如人乘馬者　自忘於所乘

358. 若汝見諸法　決定有性者　卽爲見諸法　無因亦無緣

359. 卽爲破因果　作作者作法　亦復壞一切　萬物之生滅

360. 衆因緣生法　我說卽是無　亦爲是假名　亦是中道義

361. 未曾有一法　不從因緣生　是故一切法　無不是空者

362. 若一切不空　則無有生滅　如是則無有　四聖諦之法

363. 苦不從緣生　云何當有苦　無常是苦義　定性無無常

364. 若苦有定性　何故從集生　是故無有集　以破空義故

365. 苦若有定性　則不應有滅　汝著定性故　卽破於滅諦

366. 苦若有定性　則無有修道　若道可修習　卽無有定性

367. 若無有苦諦　　及無集滅諦　　所可滅苦道　　竟爲何所至

368. 若苦定有性　　先來所不見　　於今云何見　　其性不異故

369. 如見苦不然　　斷集及證滅　　修道及四果　　是亦皆不然

370. 是四道果性　　先來不可得　　諸法性若定　　今云何可得

371. 若無有四果　　則無得向者　　以無八聖故　　則無有僧寶

372. 無四聖諦故　　亦無有法寶　　無法寶僧寶　　云何有佛寶

373. 汝說則不因　　菩提而有佛　　亦復不因佛　　而有於菩提

374. 雖復勤精進　　修行菩提道　　若先非佛性　　不應得成佛

375. 若諸法不空　　無作罪福者　　不空何所作　　以其性定故

376. 汝於罪福中　　不生果報者　　是則離罪福　　而有諸果報

377. 若謂從罪福　　而生果報者　　果從罪福生　　云何言不空

378. 汝破一切法　　諸因緣空義　　則破於世俗　　諸餘所有法

379. 若破於空義　卽應無所作　無作而有作　不作名作者

380. 若有決定性　世間種種相　則不生不滅　常住而不壞

381. 若無有空者　未得不應得　亦無斷煩惱　亦無苦盡事

382. 是故經中說　若見因緣法　則爲能見佛　見苦集滅道

中論觀涅槃品第二十五 〈二十四偈〉

383. 若一切法空　無生無滅者　何斷何所滅　而稱爲涅槃

384. 若諸法不空　則無生無滅　何斷何所滅　而稱爲涅槃

385. 無得亦無至　不斷亦不常　不生亦不滅　是說名涅槃

386. 涅槃不名有　有則老死相　終無有有法　離於老死相

387. 若涅槃是有　涅槃卽有爲　終無有一法　而是無爲者

388. 若涅槃是有　云何名無受　無有不從受　而名爲有法

389. 有尙非涅槃　何況於無耶　涅槃無有有　何處當有無

390. 若無是涅槃　云何名不受　未曾有不受　而名爲無法

391. 受諸因緣故　輪轉生死中　不受諸因緣　是名爲涅槃

392. 如佛經中說　斷有斷非有　是故知涅槃　非有亦非無

393. 若謂於有無　合爲涅槃者　有無卽解脫　是事則不然

394. 若謂於有無　合爲涅槃者　涅槃非無受　是二從受生

248

395. 有無共合成　云何名涅槃　涅槃名無爲　有無是有爲

396. 有無二事共　云何是涅槃　是二不同處　如明暗不俱

397. 若非有非無　名之爲涅槃　此非有非無 以何而分別

398. 分別非有無　如是名涅槃　若有無成者　非有非無成

399. 如來滅度後　不言有與無　亦不言有無　非有及非無

400. 如來現在時　不言有與無　亦不言有無　非有及非無

401. 涅槃與世閒　無有少分別　世閒與涅槃　亦無少分別

402. 涅槃之實際　及與世閒際　如是二際者　無毫釐差別

403. 滅後有無等　有邊等常等　諸見依涅槃　未來過去世

404. 一切法空故　何有邊無邊　亦邊亦無邊　非有非無邊

405. 何者爲一異　何有常無常　亦常亦無常　非常非無常

406. 諸法不可得　滅一切戲論　無人亦無處　佛亦無所說

249

中論觀十二因緣品第二十六 〈九偈〉

407. 衆生癡所覆　爲後起三行　以起是行故　隨行墮六趣

408. 以諸行因緣　識受六道身　以有識著故　增長於名色

409. 名色增長故　因而生六入　情塵識和合　而生於六觸

410. 因於六觸故　即生於三受　以因三受故　而生於渴愛

411. 因愛有四取　因取故有有　若取者不取　則解脫無有

412. 從有而有生　從生有老死　從老死故有　憂悲諸苦惱

413. 如是等諸事　皆從生而有　但以是因緣　而集大苦陰

414. 是謂爲生死　諸行之根本　無明者所造　智者所不爲

415. 以是事滅故　是事則不生　但是苦陰聚　如是而正滅

中論觀邪見品第二十七 〈三十一偈〉

416. 我於過去世　爲有爲是無　世閒常等見　皆依過去世

417. 我於未來世　爲作爲不作　有邊等諸見　皆依未來世

418. 過去世有我　是事不可得　過去世中我　不作今世我

419. 若謂我卽是　而身有異相　若當離於身　何處別有我

420. 離身無有我　是事爲已成　若謂身卽我　若都無有我

421. 但身不爲我　身相生滅故　云何當以受　而作於受者

422. 若離身有我　是事則不然　無受而有我　而實不可得

423. 今我不離受　亦不卽是受　非無受非無　此卽決定義

424. 過去我不作　是事則不然　過去世中我　異今亦不然

425. 若謂有異者　離彼應有今　我住過去世　而今我自生

426. 如是則斷滅　失於業果報　彼作而此受　有如是等過

427. 先無而今有　此中亦有過　我則是作法　亦爲是無因

428. 如過去世中　有我無我見　若共若不共　是事皆不然

429. 我於未來世　爲作爲不作　如是之見者　皆同過去世

430. 若天卽是人　則墮於常邊　天則爲無生　常法不生故

431. 若天異於人　是卽爲無常　若天異人者　是則無相續

432. 若半天半人　則墮於二邊　常及於無常　是事則不然

433. 若常及無常　是二俱成者　如是則應成　非常非無常

434. 法若定有來　及定有去者　生死則無始　而實無此事

435. 今若無有常　云何有無常　亦常亦無常　非常非無常

436. 若世閒有邊　云何有後世　若世閒無邊　云何有後世

437. 五陰常相續　猶如燈火炎　以是故世閒　不應邊無邊

438. 若先五陰壞　不因是五陰　更生後五陰　世閒則有邊

439. 若先陰不壞　亦不因是陰　而生後五陰　世閒則無邊

252

440. 眞法及說者　聽者難得故　如是則生死　非有邊無邊

441. 若世半有邊　世間半無邊　是則亦有邊　亦無邊不然

442. 彼受五陰者　云何一分破　一分而不破　是事則不然

443. 受亦復如是　云何一分破　一分而不破　是事亦不然

444. 若亦有無邊　是二得成者　非有非無邊　是則亦應成

445. 一切法空故　世間常等見　何處於何時　誰起是諸見

446. 瞿曇大聖主　憐愍說是法　悉斷一切見　我今稽首禮

中論　終

癸卯歲高麗國大藏都監奉勅雕造

대해大海스님

現 대한불교 조계종 국제선원 선원장
現 사단법인 '영화로 세상을 아름답게' 이사장

저 서 : 생명의 연출, 완전한 삶을 사는 길(근간),
 창조론과 진화론(근간), 장애인교육원론(근간) 外 다수

역 서 : 대방광불 화엄경(60권), 금강반야바라밀경,
 금강경 혜능 해, 육조단경, 능엄경(10권)
 원각경, 대승기신론, 중론, 증도가, 신심명 外 다수

감 수 : 화엄장, 청정생활, 색즉시공 공즉시색 外 다수

주요작품 : 대방광불 논리회로(2013), 부동심(2013),
(영 화) 소크라테스의 유언(2012), 아기도 아는걸(2012),
 이해가 되어야 살이 빠진다(2011), 무엇이 진짜 나인가(2010),
 본질의 시나리오(2008), 색즉시공 공즉시색(2007) 外 다수

수상경력 :
2012. 11. 제18회 리히텐슈타인 Videograndprix영화제에서
 〈소크라테스의 유언〉으로 大賞인 Goldener Spaten상
 수상 등 각국 영화제에서 30여회 수상
2013. 9. UNESCO 산하 UNICA(세계비상업영화인연맹) 공로상 수상

주소 : 서울시 강남구 도곡 2동 456번지 | 경북 경산시 대동 160-6번지
e.mail : daehaesnim@gmail.com
www.//facebook.com/daehae.snim

중 론

ⓒ 유영의

초판 1쇄 발행 2010년 09월 16일
 2판 1쇄 발행 2014년 03월 10일

번 역 | 대 해
펴 낸 곳 | Gran Sabiduria
         서울 강남구 논현로26길 40   우)135-855
         전화 02-573-4055 | Fax 02-578-4055
전자우편 | g_sabiduria@naver.com

ISBN 978-89-94056-97-5 03220

18,000원

★ 이 책은 저작권법에 따라 보호를 받는 저작물이므로 무단 전재와
무단 복제를 금하며 책 내용의 전부 또는 일부를 이용하려면
반드시 저작권자와 **Gran Sabiduria** 의 서면동의를 받아야 합니다.

이 도서의 국립중앙도서관 출판시도서목록(CIP)은 서지정보유통지원시스템 홈
페이지(http://seoji.nl.go.kr)와 국가자료공동목록시스템(http://www.nl.go.kr/
kolisnet)에서 이용하실 수 있습니다. (CIP제어번호: CIP2014008337)